CRIMES ET DÉLITS COCASSES

Pauline ARRIGHI

CRIMES ET DÉLITS COCASSES

COLLECTION DOCUMENTS

cherche midi

Conception graphique : Corinne Liger-Marie

23, rue du Cherche-Midi
75006 Paris
Vous pouvez consulter notre catalogue général
et l'annonce de nos prochaines parutions sur notre site :
www.cherche-midi.com

Introduction

Deux points communs rassemblent un journaliste belge, un mafieux de 93 ans, un intellectuel russe, James Maffia, un jeune Serbe à découvert, les acteurs du film *Gomorra*, un marchand de chaussures d'occasion sud-coréen, des hommes déguisés en squelettes qui conduisent une voiture orange et le bassiste d'un groupe de rock moscovite :

1°) Ce sont des criminels, hors-la-loi ou délinquants.

2°) Ils sont profondément ridicules.

Le crime donne souvent des frissons, du fait divers sanglant à l'escroquerie de haut vol. Ici, les coups de feu sont des coups d'épée dans l'eau, les voleurs se retrouvent plus fauchés après leur méfait qu'avant. La cocaïne se cache (mal) parmi des décorations de Noël ou se retrouve par inadvertance dans un sac d'aspirateur chez d'honnêtes citoyens.

Ces 300 faits divers, tous réels, ont été collectés lors d'un travail on ne peut plus sérieux de veille d'actualité criminelle mondiale. Dans le flot d'atrocités quotidien, des couacs surgissent, des ratés, les criminels aussi ont commencé petits. Ils sont méchants toujours, affreux et sales parfois, bêtes très souvent, ou incroyablement maladroits. Ou encore d'une malchance sidérante. En un mot, leurs aventures sont cocasses, elles détonnent et nous emmènent aux confins de la violence absurde, de la bêtise humaine et de la folie délirante.

On y trouve quelques meurtres et enlèvements, des braquages de banque et cambriolages souvent ratés, du trafic de drogue, d'organes, d'enfants et de frites de contrebande, des contrefaçons mortelles ou des cas de fonctionnaires suspendus pour des raisons saugrenues.

De brefs articles mordants, un peu de sang et beaucoup de sidération.

Pratiquant l'humour noir involontaire, nos héros sont des *bad boys* qui ont viré clowns. Il n'y a qu'un pas du pire au pitre, du psychopathe aux blagues potaches, de la contrefaçon à la contrepèterie, de la mort à l'humour et de l'homicide à la sidération. On frémit et on rit. C'est violent, absurde, drôle et sordide à la fois. Le sang coule et les années de prison s'accumulent, mais on s'amuse bien, c'est l'essentiel.

QUE D'AUDACE !

Les méfaits les plus gonflés, osés, impertinents et audacieux

NOUVELLE-ZÉLANDE – 18 juin 2004

Un Néo-Zélandais roulait en ville à une vitesse deux fois supérieure à celle autorisée. Quand la police lui a demandé de se justifier, il a répondu : « Après avoir lavé ma voiture, j'avais mal au dos. J'ai pensé que conduire rapidement la ferait sécher : je voulais éviter d'avoir à utiliser une peau de chamois. »

RUSSIE – 18 février 2010

Un Moscovite de 40 ans, qualifié par la police de « très instruit, temporairement sans emploi, et hautement avancé dans l'utilisation d'Internet », **a réussi à détourner le système d'affichage d'un écran publicitaire de la capitale russe.** Il est passé par un serveur basé en Tchétchénie pour ne pas être repéré par les forces de l'ordre. Il a tout de même été appréhendé, mais pas avant d'avoir réussi à diffuser un film pornographique sur un immense écran publicitaire en plein cœur de Moscou.

Après son arrestation, l'homme a déclaré qu'il voulait simplement faire rire les gens. C'était sans compter le long embouteillage qu'il a provoqué, et pire : la crise cardiaque d'un automobiliste âgé.

AFRIQUE DU SUD – 15 juin 2004

Après avoir tué une femme qu'il connaissait à peine, un criminel explique, pendant son procès : « J'entendais des voix qui me disaient de devenir un tueur en série, mais je n'avais pas envie d'en devenir un. Après avoir tué cette femme, je voulais être arrêté et mis en prison pour ne plus recommencer. Alors j'ai tout fait pour que la police me retrouve : j'ai semé plein d'indices, comme le Petit Poucet. Vous auriez dû m'arrêter au bout de deux jours. Je n'en reviens pas que vous ayez mis six semaines : c'est votre boulot, les mecs, d'arrêter les criminels ! Quand je pense que c'est grâce à ce que je paie comme impôts que vous vivez ! »

BELGIQUE – 17 janvier 2011

Robin Ramaekers, journaliste à la VRT, a été sanctionné pour avoir truqué l'un de ses reportages. Il trouvait que son reportage tourné à Haïti en octobre 2010 manquait de sang. Bref, qu'il était plat. Sur une image, on voit Robin qui se baisse soudain. En réalité, il évitait un jet de pierres, mais celles-ci n'apparaissent pas dans le champ. Ça tombe très bien : Robin ajoute un bruitage de coup de feu au montage, histoire de mettre un peu de piment à l'histoire et de se faire mousser en soirée. « Une attaque de coups de feu, oui, oui… j'étais seul, ils étaient au moins dix contre moi…

Si j'ai eu peur?... un peu, mais le danger est une drogue, vous savez... »

En apprenant le bidonnage, le rédacteur en chef du journal télévisé de la VRT, Kris Hoflack, passe un gros savon à Robin. Sa seule sanction sera d'être interdit de reportage à l'étranger. Il lui reste la possibilité de filmer des affrontements au lance-roquettes entre Wallons et Flamands.

ÉTATS-UNIS – 7 janvier 2011

Ryan Matthews achète une BMW sous une fausse identité: il se fait passer pour un certain Terrance. Il roule avec quelques jours puis se rend auprès du shérif de Laguna Hills: « On a volé mon identité pour acheter une voiture avec mon compte! Mon nom? Ryan Terrance. » Ryan Terrance, dont le vrai nom est toujours Matthews, demande à être remboursé. Enfin, que Terrance soit remboursé. Et qu'on arrête celui qui a volé l'identité de Terrance. Ce même Terrance qui a acheté une voiture mais qui est en réalité Matthews.

Les autorités ont, comme il se doit, arrêté Ryan Matthews et l'ont condamné à neuf mois de prison. Ryan Terrance court toujours.

FRANCE – 16 décembre 2010

Le plus banalement du monde, un quidam vole un pot d'échappement sur une moto stationnée devant un immeuble parisien et décide de le revendre en ligne.

Manque de bol n° 1 : la victime du vol est policier auprès de la compagnie de sécurisation et d'intervention de Paris.

Manque de bol n° 2 : ce policier choisit de remplacer son bien en achetant un pot d'échappement neuf sur un site de vente en ligne. Il tombe évidemment sur l'annonce de son voleur.

Pour confondre le vendeur qu'il soupçonne de vol, le policier organise une rencontre à la gare Saint-Lazare. Formellement, il reconnaît son équipement de moto, et interpelle le voleur et son complice. Les deux hommes, déjà connus des services de police, ont été jugés pour vol et recel.

ÉTATS-UNIS – 14 janvier 2011

John « Sonny » Franzese, dans son rocking-chair, sous une couverture élimée, **radote des anecdotes sur l'époque où il faisait les quatre cents coups avec son copain Frank Sinatra**. Si, à 93 ans, une vraie dentition et les aliments solides ne sont pour lui qu'un lointain souvenir, les extorsions de pizzerias et de clubs de strip-tease de Manhattan ainsi que le meurtre d'une soixantaine de personnes sont encore frais dans sa mémoire. Toujours actif malgré son grand âge, le mafieux Franzese, membre du clan Colombo, a été condamné à douze ans de prison par la justice américaine.

INDONÉSIE – 9 janvier 2011

Et si le vrai luxe, c'était de vivre la *dolce vita* en prison ? Les riches criminels indonésiens ont fait du milieu carcéral un sympathique lieu de villégiature. Dans les prisons indonésiennes, tout s'obtient avec un bakchich, même le droit de sortir assister à un tournoi international de tennis.

La criminelle Artalyta Suryani, quant à elle, en plus de disposer d'un salon avec canapé en cuir et écran plat et d'une salle de karaoké adjacente, peut recevoir quand elle le désire des invités et sa masseuse.

Kasiem, à 55 ans, a été condamnée à sept mois de prison, mais ses conditions de détention n'étaient pas à son goût. Son entourage a obtenu que la détenue soit remplacée par une certaine Karni, jusque-là inconnue au bataillon, qui a pris sa place dans sa cellule en l'échange de 10 millions de roupies (environ 170 000 euros).

ÉTATS-UNIS – 17 janvier 2011

Nouvelle astuce d'un escroc new-yorkais (complètement infructueuse jusqu'à présent) : se présenter dans des restaurants de luxe, le costume maculé de taches de ketchup, et réclamer le remboursement des frais de pressing. Aucun restaurateur ne s'est laissé avoir. Nom de cet arnaqueur du dimanche ? James Maffia.

CANADA – 4 juillet 2002

Les détenus du pénitencier de Drummondville, au Québec, viennent d'engager des procédures afin de se syndiquer à la Confédération des syndicats nationaux (CSN). Le leader du groupe est un ancien tueur à gages employé par les Hells Angels, le gang de motards.

Ces détenus travaillent pour Corcan, une entreprise qui fournit divers services à des ministères et à des compagnies privées. Les employés de Corcan sont des détenus qui effectuent divers travaux dans le cadre de leur programme de formation. Ils sont payés entre 5 et 7 dollars par jour, en plus du logement (bien sûr) et de la nourriture, et de quelques autres « avantages marginaux ». Dans l'atelier de couture, les détenus viennent de terminer la confection de milliers de sacs qui seront utilisés pour la prochaine visite du pape au Canada.

Il n'est aucunement question de grève actuellement, et encore moins de manifestations. Pourtant la création de ce syndicat pose problème : les détenus ne sont pas des salariés reconnus comme tels par le code du travail. De plus, le syndicat serait dirigé par un ancien tueur accusé de divers trafics dans les murs du pénitencier.

ROYAUME-UNI – juin 2010

Christopher Dearlove, un sans-abri de 41 ans, se faisait loger gratuitement en passant d'hôpital en hôpital, grâce à l'usage de 70 faux noms et de maladies imaginaires. Pour avoir, tant qu'à faire, une chambre individuelle, il disait qu'il avait le sida et qu'il était hémophile. Il se plaignait de diverses douleurs, se disait très contagieux, et adaptait son discours suivant les circonstances. L'astuce a marché pendant une quinzaine d'années, jusqu'à ce que l'agence antifraude du Service de santé nationale (NHS) s'aperçoive du subterfuge. Chaque admission dans un nouvel hôpital coûtait de 400 à 1 000 livres, et si l'on pense que l'affaire a duré quinze ans… Christopher n'a plus le droit d'entrer dans un hôpital (« à moins d'être réellement malade »), sinon il s'expose à une peine de cinq ans de prison… Ce qui pourrait aussi arranger ses affaires.

ÉTATS-UNIS – 25 mars 2010

« Gardez votre visa d'étudiant sans insomnie ni mal de tête !

« Pour 1 500 dollars seulement, Eamonn Daniel Higgins et son équipe vous proposent de passer des examens universitaires à votre place. Si la note est inférieure à B, une partie des frais vous sera remboursée.

« Si vous êtes titulaire d'un visa F1 qui vous oblige à l'assiduité, vous serez remplacé en cours par l'un des membres de notre équipe. »

L'équipe Higgins, installée en Californie, aurait fourni ses prestations à quelque 120 personnes, toutes originaires du Moyen-Orient. Higgins lui-même a trouvé un bon moyen de s'instruire en étant rémunéré : il a assisté à des cours de sociologie, mathématiques, littérature anglaise et marketing dans différentes universités de Californie.

UKRAINE – 27 novembre 2010

Un mouvement de 300 jeunes femmes, bientôt constituées en parti politique à l'initiative d'Anna Hutsul, **proteste contre la discrimination et les violences envers les femmes** en manifestant à demi nues. Si l'image du corps de la femme est utilisée pour vendre des voitures et des yaourts, pourquoi ne pas l'utiliser à des fins politiques ?

Comme prévu, la nudité déclenche des tempêtes. Anna Hutsul se prépare pour les prochaines élections législatives.

PHILIPPINES – 19 septembre 2010

Deux bandits, membres de l'un des syndicats d'enlèvements d'hommes d'affaires qui sévissent dans le sud des Philippines, font irruption dans une quincaillerie de la ville de Midsayap.

Ils forcent le propriétaire du magasin, Frank Chong, à sortir du local afin de l'enlever. Frank Chong a des spasmes, gémit, puis s'effondre à terre, rigide et inconscient. Les ravisseurs s'enfuient en toute hâte, ne voulant pas se retrouver avec un cadavre sur les bras ni être accusés de sa mort.

Quand ils se sont enfin éloignés, Frank Chong se relève, époussette son pantalon et se félicite de ses talents d'imitation de l'arrêt cardiaque.

FRANCE – 3 novembre 2010

À Villeurbanne, dans le Rhône, **un sans-abri de 49 ans se rend à la police pour s'accuser du meurtre d'un autre SDF** il y a une quinzaine d'années. Les deux hommes se seraient battus et il aurait jeté l'autre dans le fleuve.

Il a été révélé que cet homme n'avait jamais tué personne mais qu'il mourait d'envie d'avoir un hébergement et le couvert gratuits.

Il sera convoqué devant le juge le 24 janvier 2011.

ÉTATS-UNIS – 10 novembre 2010

La prison correctionnelle de Tomoka, en Floride, a surpris le détenu **Richard Williams, 43 ans, alors qu'il tentait de s'évader à bord d'une tondeuse à gazon.** Il s'adonnait à un travail d'utilité publique quand il a fait sa tentative d'évasion. Il a été rattrapé au bout de dix minutes.

CANADA – 2 août 2010

Jason Annis, 27 ans, ne supportait pas que sa petite amie le quitte. **Il l'a appelée plus de 2 000 fois en cinq jours.** En plus de cela, il lui a envoyé 350 messages sur Facebook et 630 textos. Il lui demandait ce qu'il allait advenir de leur enfant, la suppliait de revenir et la menaçait même de se suicider.

Au bout des cinq jours, l'ancienne amie de Jason se présente au poste de police pour porter plainte pour harcèlement. Pendant le laps de temps nécessaire à remplir le formulaire de dépôt de plainte, son portable sonne 56 fois. Devinez qui c'était ?

Jason Annis a été condamné à dix-huit mois de travaux d'intérêt général et à suivre un programme d'aide psychologique contre la dépendance affective.

BRÉSIL – 13 août 2009

Wallace Souza, ancien policier, homme politique de l'État de l'Amazonas et présentateur vedette de la télévision brésilienne, **a un quatrième talent** : chef de gang. Homme de raison, il veut faire d'une pierre deux coups.

Il commandite le meurtre de ses rivaux en prenant soin d'installer des équipes techniques sur les lieux du crime.

Wallace Souza risque d'être poursuivi pour formation et appartenance à un groupe criminel, faux témoignage, trafic de drogue et possession illégale d'arme à feu. Mais grâce à son immunité d'homme politique, il reste libre.

NIGERIA – 9 décembre 2010

À l'aéroport international Murtala Mohammed de Lagos, au Nigeria, **un groupe de voleurs s'est emparé des ordinateurs portables**, des appareils photo et l'ensemble du matériel destiné au comptage des votes pour les élections présidentielles et législatives d'avril 2011.

Lors des précédentes élections nigérianes, de nombreuses fraudes avaient été décelées, avec notamment le vote d'électeurs décédés ou purement inexistants. L'État avait acquis la technologie nécessaire à l'authentification des 70 millions d'électeurs nigérians et avait déboursé pour cela la somme de 230 millions de dollars.

TURQUIE – 7 septembre 2008

Batman est une ville du Kurdistan, au sud-est de la Turquie. C'est la préfecture de la province de Batman, au centre du district de Batman. La ville est traversée par la rivière Batman. En Turquie, la ville de Batman est connue pour son taux élevé de suicides – essentiellement des jeunes femmes accusées d'avoir souillé l'honneur de leur famille. La ville a aussi été le théâtre d'affrontements violents opposant le PKK aux forces turques et aux islamistes.

Batman, c'est aussi le nom d'un super héros de bande dessinée créé en 1939.

Le maire de la ville (fondée officiellement et nommée Batman en 1955, c'est-à-dire seize bonnes années après la création de la BD, soit dit en passant) est furieux de cette usurpation : « Les *royalties* du nom Batman nous appartiennent. Il n'y a qu'un Batman au monde. Les producteurs américains ont utilisé ce nom sans nous en demander l'autorisation. »

Le maire de la ville, Hüseyin Kalkan, entend traîner en justice Christopher Nolan, le réalisateur du film *Batman, The Dark Knight.*

Le sage Ercan Atay, rédacteur en chef du journal local, propose une solution pacifique : il invite la Warner Bros à tourner son prochain film à Batman. Les environs sont pleins de grottes : un cadre idéal. « On pourrait l'appeler *Batman à Batman*. Ça, ce serait intéressant. »

CANADA – 12 octobre 2010

Une femme se présente au guichet de l'Enterprise Bank pour déposer un billet de 10000 dollars américains sur son compte. Ce billet est-il véridique ? Je vous laisse juge :

Indice n° 1 : le Trésor américain a effectivement imprimé des billets comme celui-là, de 1934 à 1969. Or le billet de la cliente affichait la date suivante : 2004.

Indice n° 2 : le billet est à l'effigie de l'ancien président Dwight D. Eisenhower, et non pas, comme les autres billets de la même somme et de la même époque, à l'effigie du secrétaire du Trésor de l'époque de la guerre civile, Salmon P. Chase.

Michael Gallagher, expert en gestion de risque pour l'Enterprise Bank, a tranché : « Il était plutôt évident qu'il s'agissait d'un billet contrefait. »

BRÉSIL – 20 août 2010

Ademar Pinto Rosa, maire de la ville de Guaratinga, déclare l'état de catastrophe naturelle : sa ville a été inondée avec des précipitations de 280 millimètres d'eau les 15, 16 et 17 juin. Maisons et bâtiments officiels détruits, ponts arrachés, tout est à reconstruire.

Un appel d'offres ? Impossible. Dans l'urgence, le maire va au plus rapide : il signe un contrat de reconstruction avec l'entreprise JACL Construçoes Ltda-EPP pour la « reconstruction » de 10 maisons, de 2 ponts et de 50 kilomètres de routes communales. Pour ce faire, la commune sollicite une indemnité du gouvernement fédéral et obtient la somme de 2 millions de reals (environ 900000 euros).

Je ne vous surprendrai pas en vous apprenant que les inondations n'existaient que dans l'imagination du maire de Guaratinga. Comme a pu s'en assurer le procureur Bruno Gontijo Teixeira auprès de l'Institut de météorologie national, les précipitations ont été nulles le 15 et le 17 et de 0,2 millimètres le 16.

FRANCE – 16 octobre 2010

Les habitants d'Oulchy-le-Château, dans l'Aisne, sont coutumiers des vols de fleurs ou de plaques qu'ils déplorent dans leur cimetière de la rue de Cugny, de temps à autre : rien de bien méchant.

Or les choses se sont corsées : dans la nuit du vendredi 15 au samedi 16 octobre, c'est le portail de l'entrée du cimetière qui a été volé.

Le maire d'Oulchy-le-Château, Jean-Pierre Brioux, a déposé plainte, et la gendarmerie mène l'enquête.

BELGIQUE – 1er septembre 2010

En 2007, Geneviève Lhermitte tue ses cinq enfants, âgés de 3 à 14 ans, en les égorgeant avec un couteau de boucher. Elle est condamnée à la prison à perpétuité.

Aujourd'hui, elle poursuit en justice son ancien psychiatre pour « inaction » et lui réclame 3 millions d'euros. Elle l'accuse de ne pas avoir pris en considération ses troubles psychologiques, qui l'auraient, selon elle, conduite à tuer ses enfants.

RUSSIE – novembre 2010

Une Russe a semé la panique en passant un coup de fil anonyme à la police : elle les informait que sa fille, qui partait pour le Maroc, allait faire exploser son avion. Le vol a immédiatement été annulé. La plainte a pu être retracée et des agents du département de la Défense intérieure se sont rendus dans la ville de Yaroslavl et ont retrouvé la femme qui avait émis l'appel. Sans offrir aucune résistance, elle a tranquillement avoué qu'elle avait menti à la police pour que le vol soit annulé. Elle ne pouvait pas supporter l'idée que son unique fille parte au Maroc pour épouser un Marocain et vivre avec lui là-bas.

Après l'incident, la jeune femme a pris l'avion suivant, plus déterminée que jamais.

CANADA – août 2010

Ashley Kirilow, une jeune Canadienne de 23 ans, a été arrêtée en août pour avoir simulé un cancer. Elle s'était rasé les cheveux et les sourcils et avait collecté de l'argent pour l'aider à financer son traitement.

Ashley avait notamment créé une page sur Facebook pour l'organisation « Change for a Cure » – sans aucune existence légale. Des groupes de soutien se sont constitués, qui lui ont remis de l'argent en espèces. Selon les chiffres révélés par les donneurs, le montant de la fraude s'élèverait à 20 000 dollars canadiens.

PHILIPPINES – 28 novembre 2010

Malik Hamdag, candidat malheureux à une élection locale de Bayanag, dans le sud de l'archipel philippin, **enlève le fils de sa rivale en politique** qui a remporté le scrutin.

C'est ainsi que le jeune Edris Polala, 21 ans, est kidnappé par un groupe de sept ravisseurs. L'un d'eux est reconnu par des témoins : c'est Malik Hamdag. Il exige, en guise de rançon, que la mère du jeune homme, qui a remporté cette élection, lui cède sa place.

HONG KONG – 17 novembre 2010

En décembre 2009 et janvier 2010, quatre Taïwanais âgés de 60 à 82 ans ont reçu **des appels téléphoniques de la part d'hommes qui se faisaient passer pour des contrôleurs antifraude.** Les faux contrôleurs accusaient leurs victimes de blanchiment et les sommaient, afin de mener leur enquête et éventuellement de les innocenter, de transférer le contenu de leur compte bancaire sur des comptes à Hong Kong. En cas de non-coopération, il va de soi qu'ils seraient arrêtés. Une somme totale de 9,52 millions de dollars a été déposée sur le compte des escrocs.

L'une des victimes, flairant une affaire louche, a prévenu sa banque qui a contacté la police de Hong Kong. Les policiers ont arrêté les deux suspects, âgés de 25 et 33 ans.

Ils ont été condamnés le 12 novembre 2010 à des peines de deux et trois ans de prison ferme.

ÉTATS-UNIS – 27 novembre 2008

Au Nebraska, plus de 30 enfants et adolescents ont été abandonnés par leurs parents en deux mois. Abandonnés, oui, et le plus légalement du monde. Laissez-moi vous donner l'astuce : il suffit d'amener l'enfant à l'hôpital pour une broutille et ensuite de se faire la malle.

Depuis juillet, une nouvelle loi permet d'abandonner son enfant dans un endroit sûr – un hôpital fait très bien l'affaire – sans être poursuivi. Les législateurs pensaient aux nourrissons davantage qu'à de grands dadais boutonneux. Le terme « enfant » n'ayant pas été défini, n'importe qui peut se délester de sa progéniture adolescente en restant un honnête citoyen.

Le 14 novembre, l'assemblée du Nebraska s'est réunie pour apporter des précisions au texte. La veille justement, un enfant de 5 ans et deux jeunes de 14 et 17 ans avaient été abandonnés par leurs parents.

INDE – 16 novembre 2010

Andimuthu Raja, ministre des Télécommunications indien, a été contraint à démissionner. C'est la troisième personnalité politique en une semaine à être congédiée pour des allégations de corruption. Raja a eu beau nier toute malversation, Sonia Gandhi, présidente du Parti du Congrès au pouvoir, et Manmohan Singh, Premier ministre, étaient bien décidés à se débarrasser de lui.

Les faits reprochés à Andimuthu Raja remontent à janvier 2008. À cette époque, le ministre attribue des licences de téléphonie mobile 2G à des entreprises lors d'un appel d'offres dont il définit lui-même les règles, qui pourraient se résumer ainsi : « Premier arrivé, premier servi. » Les industriels n'avaient que quelques heures pour déposer leurs dossiers d'offres, ce sont donc les groupes les mieux informés qui ont remporté l'appel d'offres.

Les prix demandés alors, en 2008, ont été fixés au niveau de ceux de l'attribution précédente, qui avait eu lieu en 2001. Or les prix du marché ont quelque peu augmenté entre-temps. Pour preuve : quelques mois plus tard, Swan Telecom a revendu 45 % de son capital à Etisalat, et Unitech Wireless, 74 % du sien, au Norvégien Telenor… pour un prix environ six fois plus élevé que le coût de la licence accordée par le ministre indien.

FRANCE – 25 octobre 2010

Une salariée d'une association de pèlerinage à Lourdes, mariée et âgée de 55 ans, a été interpellée pour avoir **détourné la somme de 80000 euros.** Cet argent lui servait à financer des sorties et excursions en chambres d'hôtel en compagnie de gigolos, tous d'origine africaine.

Placée en garde à vue, elle a avoué les faits.

JAPON – août 2010

Mitsuhishi Kikue est une dame qui a atteint l'âge vénérable de 104 ans. Elle vit seule avec son fils, qui a perçu, en une dizaine d'années, 1,2 million de yens de la part du gouvernement comme équivalent de l'aide à l'autonomie. Lorsque la dame a fêté ses 100 ans et que les élus locaux sont venus lui présenter leurs vœux, le fils de Mme Mitsuhishi a dû leur dire qu'elle était justement partie dans leur famille.

J'ai oublié un détail dans cette histoire : Mme Mitsuhishi est morte sur son futon à l'âge de 95 ans, il y a neuf ans de cela. Son fils n'a pas déclaré son décès car il manquait d'argent pour les obsèques.

Moins d'un mois auparavant, les policiers découvraient le corps momifié de Sogen Kato, censé être, à 111 ans, le plus vieil habitant de Tokyo. L'homme était mort, allongé sur son futon, sa couverture chauffante toujours allumée. Il s'était retiré dans sa chambre pour devenir bouddha : pas question de le déranger. Cela faisait trente ans que sa famille le laissait méditer dans son lit.

Quid des 279 centenaires qui manquent à l'appel ? Ces faits divers ont de quoi ébranler la réputation de longévité des Japonais, et celle du respect des anciens.

ALLEMAGNE – 18 mars 2010

Une Allemande dont l'identité n'a pas été révélée était terrorisée par le Grand collisionneur de hadrons (LHC), le plus puissant accélérateur de particules au monde, mis au point par le CERN (Organisation européenne pour la recherche nucléaire).

Grâce au LHC, gigantesque outil placé dans un tunnel circulaire de 27 kilomètres de longueur à la frontière franco-suisse, les scientifiques espèrent reproduire les conditions du big bang et percer les secrets de la formation de l'Univers.

La Terre risque fort d'être engloutie par un trou noir, pensait cette dame : elle s'est empressée de saisir la justice pour que le gouvernement allemand arrête ses expériences. Déboutée par le tribunal de Cologne, elle se rend à Karlsruhe, puis saisit la cour constitutionnelle, en vain. La cour de Karlsruhe a estimé que la plaignante n'a « pas été capable d'expliquer de façon cohérente comment les événements qu'elle redoute pourraient survenir ».

KENYA – 8 octobre 2009

Un hermaphrodite kényan, Richard Mwanzia Muasya, était détenu dans une prison de haute sécurité. Il a saisi la cour constitutionnelle pour défendre sa cause : né avec des organes masculins et féminins, il estime qu'il n'a sa place ni dans un établissement pour hommes, ni dans un établissement pour femmes, et demande donc sa libération.

ÉTATS-UNIS – 10 novembre 2010

Une femme de 56 ans, Carolee Bildsten, quitte un restaurant de Chicago, après avoir fait bombance, sans régler l'addition. Le personnel appelle la police qui la retrouve allongée sur une pelouse à côté du parc d'attractions Six Flags Great America. Un agent l'interpelle. Elle dit qu'elle va bien, merci. Visiblement, elle a pris des substances qui n'étaient pas dans le menu. « J'ai de quoi payer, j'ai simplement oublié mon argent chez moi. » Les policiers l'accompagnent donc à son domicile afin qu'elle règle la somme qu'elle doit au restaurant. Arrivée à son domicile, Carolee se rue dans la salle de bains et brandit son jouet pour adulte, menaçante. Le policier qui l'escortait la désarme immédiatement et l'emmène au poste.

NORVÈGE – 27 mars 2010

Un homme de 28 ans se rend au commissariat pour porter plainte pour escroquerie : il a versé une somme d'argent à une prostituée qui n'a pas satisfait à ses attentes. Or la prostitution est illégale dans son pays. Le client a dû payer une amende.

ROYAUME-UNI – 14 avril 2009

Un chimiste algérien de 42 ans, Sahnoun Daifallah, a été surpris par les caméras de vidéosurveillance de plusieurs magasins de Londres alors qu'il pulvérisait une substance étrange sur de la nourriture et des livres pour enfants. La mixture en question était composée d'un mélange d'urine et d'excréments.

Il transportait sur lui un contenant à désherbant rempli de la mixture, caché dans une sacoche à ordinateur portable. Le bec du contenant dépassait légèrement de la sacoche, ce qui lui permettait de diffuser la substance dans les boutiques.

La première cible de Daifallah est le bistrot The Air Balloon situé près de Cheltenham, à l'ouest de l'Angleterre. Kate Rochead, une employée qui était sur place lors de cette visite peu agréable, ne remarque rien d'anormal, mis à part une odeur bien caractéristique. Elle ne soupçonne pas que le bistrot a été la cible d'une attaque chimique. En second lieu, une bibliothèque publique est la victime du chimiste. Des livres pour enfants principalement, par centaines, se retrouvent arrosés de déjections humaines. Par la suite, le forcené s'attaque à des supermarchés. Dans le premier, ce sont des frites congelées qui sont contaminées. Dans le second, ce sont des bouteilles de vin. Les deux supermarchés ont dû fermer leurs portes pendant deux jours : des clients se sont plaints d'éruptions cutanées et de nausées.

Des agents de police effectuent une descente au domicile de Sahnoun Daifallah où plusieurs sacs de la mixture poison sont découverts. Ils portent tous une étiquette au nom d'une ville cible.

Le suspect a été reconnu par la Bristol Crown Court et condamné à neuf ans de prison ferme.

ÉTATS-UNIS – 4 juillet 2009

Richard Harvey Warren peut se vanter d'avoir été arrêté et incarcéré 120 fois depuis 1987. Il a le mérite de se diversifier : attentat à la pudeur, intoxication irresponsable, vol à l'étalage, agression d'un officier de police.

C'est un vol à l'étalage qui lui a valu sa 120e arrestation. Alors qu'il faisait ses courses dans un supermarché de la chaîne Sunshine Food Mart, il a caché un morceau de viande d'une valeur de 2,99 dollars dans son pantalon.

Lorsqu'un employé a tenté d'intercepter le voleur avant qu'il quitte le magasin, Richard l'a agressé physiquement puis s'est enfui avec le bifteck.

Des officiers de police l'ont retrouvé en quelques minutes seulement. Bien connu de la justice, Richard Harvey Warren est à présent incarcéré dans la prison du comté de Pinellas, en Floride. S'il veut sortir, il devra s'acquitter d'une caution de 2625 dollars.

ÉTATS-UNIS – 15 janvier 2009

Un adolescent de 14 ans se rend au commissariat de Chicago déguisé en agent de police. Il porte un uniforme identique à ceux des policiers et une assignation officielle. Il participe même à une patrouille avec un policier d'expérience. Le jeune homme a réussi à passer cinq heures en compagnie des agents de la paix en se faisant passer pour l'un des leurs, sans qu'ils remarquent la supercherie. Il faut préciser que l'adolescent ne possédait pas d'arme, n'a pas conduit de véhicule et n'a pas émis de billet d'infraction.

C'est quand des officiers ont remarqué que l'uniforme ne portait pas l'étoile officielle de rigueur que le subterfuge a été découvert.

Le surintendant Daniel Dugan a tenu à préciser, pour sauver l'honneur de la profession, que le jeune homme paraissait avoir beaucoup plus que 14 ans. Apparemment, il ne pensait pas à mal: il a commis sa farce uniquement parce que la profession le faisait rêver. Il a été tout de même convoqué devant le juge pour enfants pour usurpation d'identité d'un agent de police.

ÉTATS-UNIS – 26 novembre 2010

Les employés de la pizzeria Antonio d'Amherst, au Massachusetts, ont de quoi être furieux : ils ont travaillé jusqu'à 5 heures du matin pour préparer 178 pizzas qui n'ont finalement pas été consommées ni payées. Un farceur s'est fait passer pour le responsable de l'équipe de scène de Bob Dylan et s'est amusé à passer une fausse commande. La pizzeria accuse une perte de 3 900 dollars.

Le gérant du commerce est d'autant plus déçu qu'il aurait, dit-il, adoré servir une célébrité.

ÉTATS-UNIS – 10 janvier 2008

Le jour même où Virgilio Cintron, âgé de 66 ans, décède dans son appartement, le montant de son assistance sociale arrive chez lui par la poste sous forme de chèque. Ce serait dommage que la somme se perde et que personne n'en profite, pensent le colocataire du mort et son ami. Les deux hommes, bien décidés à toucher les 335 dollars, installent le corps sur une chaise de bureau à roulettes qu'ils poussent sur le trottoir jusqu'à un commerce spécialisé dans l'échange de chèques contre de l'argent en espèces. Le tandem James P. O'Hare et David J. Dalaia, âgés tous deux de 65 ans, était au chômage depuis fort longtemps.

Une fois devant la boutique, ils garent le mort à proximité avant d'entrer pour échanger le chèque. On leur dit que la présence de M. Cintron est obligatoire pour toucher la somme en liquide, ce à quoi ils répondent : « Il est dehors », en le montrant du doigt à l'extérieur.

En allant chercher la dépouille pour la présenter au guichetier, ils s'aperçoivent qu'une foule de badauds s'est attroupée autour de la chaise, peu rassurée par la vue de ce cadavre ligoté en plein milieu du trottoir.

Quelques instants plus tard, une ambulance et des renforts sont sur les lieux, alors que les deux escrocs tentent de pousser la chaise du bureau avec le corps à l'intérieur du commerce.

Ils ont été emmenés au commissariat pour être interrogés, et une autopsie a révélé que Virgilio Cintron était mort de causes naturelles. En revanche, les deux malfrats ont été inculpés pour fraude.

FRANCE – 19 décembre 2010

Nora, 37 ans, est l'aide à domicile dévouée d'un couple : René, 84 ans, qui souffre de Parkinson, et Yvette, 85 ans, atteinte de la maladie d'Alzheimer.

Le 17 septembre 2010, Nora vient passer la matinée chez le couple âgé, comme à l'accoutumée. C'est son anniversaire et René lui propose un peu de champagne pour fêter ça. Nora se rend à la cave et rapporte un carton de quatre bouteilles. Nora était-elle animée d'intentions malignes ? En tout cas, Yvette et René ont sifflé les quatre bouteilles à deux. Nora estime que le moment est bien choisi pour demander à René de lui prêter 30 000 euros. Celui-ci accepte allégrement et lui signe deux chèques (remplis dûment par Nora).

Yvette était déjà partie se coucher à l'étage, et quand son mari monte l'escalier pour la rejoindre, il fait une chute spectaculaire et se brise le col du fémur. Les pompiers, alertés par un voisin, l'emmènent à l'hôpital où il décède un mois plus tard. Yvette et René avaient 1,5 gramme d'alcool dans le sang.

Le décès de René est lié à sa chute, le médecin légiste est formel. Nora affirme lors de l'enquête : « Sa mort m'a bouleversée. Je n'avais pas de mauvaise intention : j'allais rembourser. »

La substitut du procureur, en revanche, a l'esprit mal tourné : « À 100 euros par mois, il vous aurait fallu vingt ans. Ce qui laissait peu d'espoir au couple de revoir leur argent. » Elle demande une peine de deux ans de prison dont un avec sursis contre Nora, qui a déjà été condamnée à quatre reprises. Finalement, Nora a été remise en liberté et a rendu les 30 000 euros à la famille du couple.

ÉTATS-UNIS – 15 septembre 2009

Un jeune homme de 21 ans a battu le record jusque-là enregistré de 56 infractions routières en treize minutes. L'exploit s'est déroulé à Greece, dans l'État de New York. Il roulait à plus de 178 kilomètres à l'heure dans de petites rues achalandées. Joshua Bracci a heurté des automobiles garées. En voulant semer les policiers à sa poursuite, il s'est engouffré dans un tunnel, les phares éteints. Il a reculé en plein dans une voiture de patrouille. Il a finalement été coincé dans un cul-de-sac où il s'est vu remettre ses 56 PV.

ÉTATS-UNIS – 7 août 2009

Keith Griffin, résident de la Floride, fait face à 10 chefs d'accusation pour être en possession de matériel de pornographie juvénile : plus de 1 000 photos sont stockées sur son ordinateur personnel.

Pour sa défense, le suspect a déclaré à la police qu'il était en train de télécharger de la musique quand il a quitté la pièce un instant : c'est alors que son chat a sauté sur le clavier et « de drôles de choses » sont apparues sur son écran.

FRANCE – 20 décembre 2010

Alors qu'ils patrouillent dans le parking souterrain, **les agents de sécurité d'un casino situé près de Toulon entendent des pleurs qui semblent provenir d'une voiture.** Ils s'approchent et découvrent une fillette de 2 ans enfermée dans un véhicule, seule. Ils expliquent à l'enfant comment déverrouiller la porte par gestes.

Au moment où l'un des agents de sécurité prend la fillette dans ses bras, une femme entre dans le parking et demande à récupérer la petite fille : elle se présente comme la grand-mère de l'enfant.

Son mari et elle ont été placés en garde à vue. Ils ont expliqué à la police qu'ils étaient partis jouer au casino et qu'ils n'avaient pas vu le temps passer.

Selon eux, les parents de l'enfant vivent dans un contexte social difficile et ils ont voulu distraire leur petite-fille de son quotidien. Une enquête pour délaissement d'enfant a été ouverte à l'encontre des grands-parents par le parquet de Toulon. La fillette a été placée dans un foyer.

SERBIE – 16 octobre 2010

Deux chefs de bandes criminelles serbes ont versé une somme dépassant les 200 000 euros à une bande de 60 hooligans à Gênes. Le but était d'encourager leur tendance à semer la zizanie dans les tribunes d'un stade.

Les hooligans ont accompli leur mission en provoquant l'arrêt du match de qualification à l'Euro 2012 entre l'Italie et la Serbie à force de violences.

Le match, d'abord retardé d'une demi-heure en raison du comportement violent de supporteurs serbes, a été interrompu par l'arbitre au bout de six minutes de jeu quand certains de ces supporteurs ont lancé des fumigènes sur la pelouse et sur des supporteurs italiens. Aucune équipe n'avait encore marqué de but.

Des affrontements entre supporteurs serbes et policiers ont ensuite fait 16 blessés, dont 2 graves, et au moins 17 supporteurs serbes ont été arrêtés.

Les parrains serbes avaient tout organisé : le voyage jusqu'en Italie, le matériel, tout était pris en charge. Ils n'ont pas encore été identifiés avec certitude mais la police soupçonne fortement deux chefs en fuite de la mafia locale, un trafiquant de cocaïne accusé aussi de blanchiment d'argent, et le chef d'une organisation soupçonnée de nombreux meurtres, de cambriolages et d'intimidations.

Pourquoi ne pas laisser les équipes italiennes et serbes s'affronter ? Pourquoi ne pas avoir truqué le match, et que le meilleur gagne ? La mafia a tout intérêt, pour mener ses activités en toute quiétude, que l'État soit le plus faible possible. Discréditer son image lors d'une compétition sportive internationale est un moyen comme un autre d'arriver à cette fin.

ITALIE – 5 janvier 2009

Giovanni Venosa joue le rôle d'un chef de clan de la Camorra, la mafia napolitaine, dans le film *Gomorra*. Justement, il a été arrêté en janvier 2009 près de Naples pour activités mafieuses.

Il avait déjà été condamné deux mois auparavant à des travaux d'intérêt collectif dans le nord de l'Italie pour trafic de drogue mais il a profité d'une permission de Noël pour racketter des commerçants du nord de Naples.

Dans le film, il joue le rôle d'un chef de zone condamnant à mort deux jeunes voulant échapper à sa domination. Il peut se vanter d'apparaître en arrière-plan sur l'affiche du film.

Giovanni Venosa n'est pas le seul acteur qui joue en amateur dans *Gomorra* à avoir été incarcéré après le tournage. Salvatore Fabbricino et Bernardino Terracciano, très crédibles dans le rôle de chefs mafieux, ont également été inculpés pour affiliation à la Camorra.

VOLS ET BRAQUAGES

Chacun d'entre nous peut braquer une banque, mais il n'est pas donné à tout le monde de ne pas être ridicule : déguisements improbables, butins perdus ou oubliés sur place...

D'autres voleurs ont plus de succès, ils se retrouvent en possession de chaussures (pas forcément appartenant à la même paire), de carnets de timbres, de pommeaux de douche ou de bonshommes de neige.

ÉTATS-UNIS – 1er décembre 2008

Un cambrioleur récidiviste réussi à s'échapper d'une prison où il était détenu sous une surveillance renforcée. Il s'enfuit la nuit. Excellente idée : la prison est entourée d'une forêt où les policiers ne pourront pas retrouver sa trace. Sauf que le fugitif portait des chaussures à semelles clignotantes rouges.

CANADA – 15 octobre 2010

La Bank of Montreal, à Toronto, a été braquée par des squelettes (plus précisément par des hommes qui portaient des déguisements de squelettes). Un homme a tiré sur l'un d'entre eux, mais sans le blesser.

Les squelettes ont pris la fuite à bord d'une voiture de couleur orange.

CORÉE DU SUD – 20 février 2010

Le gérant d'un magasin de chaussures d'occasion a été arrêté par la police : l'intégralité de sa marchandise, à savoir près de 1 800 paires de souliers, avait été volée dans des funérariums.

Le commerçant s'immisçait dans des cérémonies d'obsèques pour subtiliser les souliers que les proches du défunt avaient retirés, comme il est d'usage en Corée.

La police coréenne a déjà rendu 35 paires de chaussures à leurs propriétaires.

ALLEMAGNE – 17 janvier 2011

– Ici le Samu, je vous écoute.

– **Bonjour, mon ami et moi sommes coincés dans un ascenseur.** Mon ami a essayé d'ouvrir la porte par la force et il s'est salement amoché la main, je crois qu'il a besoin de points de suture.

– Vous n'avez pas appelé le réparateur ? Le bouton d'alarme de l'ascenseur ne fonctionne pas ?

– En fait, je ne sais pas, j'imagine qu'il fonctionne...

– Alors ? Pourquoi est-ce que vous ne les avez pas appelés, au lieu de vous esquinter ?

– J'ai un peu honte de vous le dire... Nous venons de commettre un cambriolage dans l'un des appartements de cet immeuble, et nous avons pas mal de liquide et deux ordinateurs avec nous.

Les deux hommes, âgés de 31 ans et 37 ans, ont été libérés par les pompiers puis arrêtés par la police.

ROYAUME-UNI – 4 décembre 2010

Une Anglaise a appelé le numéro de police secours quand elle s'est aperçue qu'on lui avait volé son bonhomme de neige. Elle l'avait laissé sans surveillance dans son jardin, et il a disparu. Elle a expliqué à la police : « Il y a eu un vol chez moi. Je n'ai pas regardé dans le jardin depuis cinq heures et, quand je suis sortie, il était parti. Je pensais qu'avec ce temps glacial qu'il faisait dehors il serait en sécurité... Un bonhomme de neige, je l'ai fait moi-même ! »

La victime a même signalé une circonstance aggravante au vol : les yeux du bonhomme de neige étaient faits de deux pièces d'une livre.

L'inspecteur de police du Kent n'a absolument pas trouvé que cet appel était drôle. Il a expliqué à la BBC : « Cet appel aurait pu coûter la vie de quelqu'un, s'il y avait eu une véritable urgence. [...] Nous avons le pouvoir de poursuivre les gens qui utilisent de manière abusive le 999, mais nous avons épargné cette femme car elle pensait sincèrement que c'était un vol et qu'elle devait le signaler. »

BELGIQUE – 11 décembre 2010

Les équipes du journal télévisé de la chaîne RTL-TV ont rendu un camionneur heureux, peu avant les fêtes de fin d'année. Le malheureux Pascal Willem regardait le programme d'informations, le cœur lourd : on lui avait volé son camion la semaine précédente. Que voit-il justement en arrière-plan d'un reportage, derrière le journaliste qui parle à la caméra ? Son camion, sur un parking. Il appelle la police qui le retrouve quelques instants plus tard, encore chargé de sa marchandise.

FRANCE – 7 décembre 2010

Mathieu, jeune homme de 21 ans, est un délinquant multirécidiviste. Condamné huit fois pour vol et autres larcins, il doit se rendre au tribunal pour une audience. Cette fois, il doit contester la « révocation de son sursis pour non-respect de ses obligations judiciaires ». En chemin, il est arrêté au volant d'une Audi A4 qu'il avait volée. Il s'explique : « Je ne voulais pas prendre le bus parce qu'ils ont trop souvent du retard. Je ne pouvais faire ça aux juges. Et puis, il fallait vraiment que je sois là pour ne pas voir mon sursis révoqué. »

Cette explication aurait pu toucher les juges, si le jeune homme n'avait pas volé le véhicule le 23 novembre, alors que son audience était prévue le 3 décembre. La propriétaire de la voiture a expliqué qu'il s'était emparé des clés en pénétrant dans son domicile. Le voleur a été condamné à deux ans de prison ferme.

ÉTATS-UNIS – 12 janvier 2011

À Bloomington, dans l'État du Minnesota, une veste de fourrure d'une valeur de 6 500 dollars disparaît dans un magasin. Une femme est soupçonnée, mais quand elle montre le contenu de son sac aux vigiles du magasin, ils ne trouvent rien. Elle va même jusqu'à se déshabiller pour prouver son innocence. Le personnel du magasin appelle tout de même la police, après avoir noté le numéro d'immatriculation de son véhicule.

Dans la voiture de la suspecte, les policiers trouvent un cintre du magasin, mais pas de veste. Après un interrogatoire, au bout de trois jours, elle finit par avouer qu'elle a volé cette veste, mais qu'elle l'a déjà vendue. « Si vous ne rendez pas cet article, vous serez condamnée à de la prison ferme », l'avertit un policier. Saisie de panique, la dame enlève sa robe et fait apparaître la veste de fourrure. Elle l'avait cachée dans sa culotte. La dame avait découpé l'arrière de la culotte, ce qui fait qu'elle paraissait nue, vue de dos, et la veste était coincée entre ses jambes. Sa corpulence l'y a aidée, la dame pèse une centaine de kilos.

FRANCE – 13 janvier 2011

En 1996, trois individus avaient commis un hold-up dans un bureau de poste de Villefranche, dans le Rhône. Ils avaient pris la fuite en emportant la somme de 4800 euros. Deux d'entre eux avaient été interpellés et condamnés à douze et six ans de prison.

Le troisième avait réussi à échapper aux forces de l'ordre et à refaire sa vie en Allemagne. Belle histoire, si, quinze ans plus tard, à l'âge de 36 ans, il ne s'était livré de lui-même à la police de Lyon. Il sera rejugé.

CISJORDANIE – 12 janvier 2009

Un samedi matin, à Bethléem, un homme entre par effraction dans un appartement, surprend les trois locataires et les menace de son arme de poing pour les obliger à lui donner leurs cartes de crédit et objets de valeur.

Personne n'a été blessé. Ce voleur n'est décidément pas à blâmer : il a même donné une poignée de main cordiale à ses trois bienfaiteurs, avant de prendre la fuite.

La police locale n'apprécie pas ce geste : elle juge que « détrousser des innocents chez eux en les menaçant avec une arme n'est pas vraiment poli. Si le voleur était véritablement quelqu'un de bien élevé, il se rendrait au commissariat et s'excuserait de son méfait ».

CAMBRIOLAGES RATÉS EN ALLEMAGNE – 2009

HEIDELBERG

Deux cambrioleurs s'introduisent dans un café de nuit, volent de l'argent liquide dans la caisse, fourrent dans leur sac des bouteilles de schnaps, de vin et un poste de radio. En quittant les lieux, ils oublient leur portefeuille.

BONN

Deux cambrioleurs volent 14 chaussures de marque dans un magasin d'articles de sport. Quatorze chaussures pour le pied droit.

STUTTGART-BAD CANNSTATT

Dans un bureau du siège d'une entreprise, un cambrioleur force tous les tiroirs et les brise. Il ne trouve aucun objet de valeur à voler. Fatigué, il s'assied un instant dans un fauteuil. Finalement il s'endort et c'est le personnel d'entretien qui le réveille en entrant le lendemain matin.

FRANCE – 16 novembre 2010

Calvados : le gang des aspirateurs a encore frappé. Grâce à leur technique innovante et audacieuse, ils ont raflé un total de 600 000 euros au cours de ces quatre dernières années. Ce sont les grandes surfaces, surtout en région parisienne, qui sont visées.

Cette terrible bande de voleurs doit-elle son surnom à sa manie de nettoyer le sol après un cambriolage ? Non. Se servent-ils de ces appareils comme d'armes pour menacer le personnel ? Non plus. S'enduisent-ils le visage et le corps de poussière afin de ne pas être identifiés ? Que nenni.

Le gang à l'aspirateur se sert d'un engin qui aspire, comme le nom l'indique, non pas la crasse, mais l'argent. Ces voleurs déjouent une technique de plus en plus répandue dans les grandes surfaces et qui vise à éviter les braquages : les caissières introduisent les billets dans de petits rouleaux en plastique qu'elles jettent dans un conduit qui mène l'argent directement dans les coffres-forts.

Il suffit d'être discret et malin pour percer un trou dans le conduit et aspirer les pneumatiques puis emporter le butin, l'aspirateur sous le bras.

ÉTATS-UNIS – 29 août 1975

Un bijoutier de San Francisco a placé dans sa vitrine, parmi les bagues et les colliers, une araignée géante, noire et velue, de la famille des tarentules. Elle s'appelle Rose. Le bijoutier la loue pour quelques dollars par mois seulement, ce qui s'avère jusqu'à présent être un excellent investissement : depuis que Rose monte la garde, sa vitrine n'a jamais été brisée par des cambrioleurs.

SUISSE – 20 avril 1978

Comment réagiriez-vous face à un braqueur de banque armé d'un revolver ? Vous auriez peur de la balle perdue, non ? C'est à cette scène que les clients et employés d'une banque de Kloten, près de Zurich, ont assisté.

Un homme qui portait un casque de motard avait fait irruption dans la banque en hurlant (en allemand dialectal) : « Cambriolage, haut les mains ! », en pointant son arme.

Cet homme pensait effrayer la galerie. Peut-être caressait-il l'espoir d'un évanouissement… Que dalle ! Personne n'a fait attention à lui, chacun a continué ses petites affaires comme si rien ne s'était passé.

Le bandit, dépité, est reparti la tête baissée.

ÉTATS-UNIS – 28 avril 1980

C'était un tout jeune homme, et seul qui plus est, qui braquait une banque à Chicago. Alors que la guichetière rassemblait l'argent qu'il venait d'exiger, revolver au poing, le malheureux s'évanouit d'émotion. Une autre employée s'empressa d'appeler une ambulance pour lui. Ce n'était certainement pas l'effet qu'il escomptait, mais ce bandit a dû en attendrir plus d'un. Il n'empêche, comme il est d'usage aux États-Unis, l'ambulancier était accompagné d'un policier qui l'arrêta sans mal, une fois le jeune homme revenu à lui.

SERBIE – 12 janvier 2009

Dans une station de sports d'hiver de Serbie, un homme armé fait irruption dans une banque, maîtrise le personnel présent et s'empare d'un butin non négligeable équivalent à 33 730 euros. Après son forfait, il prend la fuite.

Quelques minutes plus tard, alors que les employés de la banque se remettent peu à peu de leurs émotions, le braqueur revient. Il vient de se rendre compte qu'il était à découvert et voulait donc déposer les 34 000 euros en liquide sur son compte.

Pas si idiot, il avait pensé à changer de vêtements et à ébouriffer ses cheveux. En revanche, il a gardé les mêmes chaussures de cuir rouge.

FRANCE – 3 janvier 2010

L'histoire se passe en janvier, il neige abondamment sur Béthune. La vitre latérale d'une voiture a été brisée, permettant au voleur de s'emparer du GPS. Il prend la fuite, mais il est vite rattrapé par les enquêteurs. Il leur aura suffi de suivre ses traces de pas dans la neige. Lors de sa garde à vue, le jeune voleur n'a même pas pris la peine de nier les faits.

FRANCE – 7 mai 2010

Un vendredi soir vers minuit, un individu encagoulé se présente à la porte d'un café-PMU de Maubeuge, dans le Nord. Il est connu pour avoir déjà braqué plusieurs commerces. Le malfaiteur exige le contenu de la caisse. Il menace la patronne avec une arme de poing. Elle lui tend une enveloppe contenant les recettes du bar et des paris, soit près de 1 600 euros.

Quelques hommes qui étaient présents sur les lieux, le mari de la patronne notamment, se lancent à sa poursuite. Le voleur s'enfuit à bord d'une voiture conduite par un complice qui l'attendait à l'extérieur.

Dans la panique, avant de monter à bord du véhicule, il laisse tomber à terre une partie du butin ainsi que son téléphone portable. Les enquêteurs ont pu l'identifier quelques heures plus tard, lui et ses complices : quatre hommes sont arrêtés en tout. Le voleur a rapidement été interpellé : il était domicilié à quelques centaines de mètres du bar seulement.

ÉTATS-UNIS – 10 décembre 2010

Angélique Guillory, 24 ans, n'a pas donné beaucoup de fil à retordre à la police après son braquage d'une filiale de la Bank of America du Minnesota. L'employé de la banque qui lui a remis son sac rempli de billets avait eu la bonne idée d'y glisser un GPS.

FRANCE – 13 octobre 2010

Dans la vallée de l'Homme, une boucherie a été braquée par un homme à visage découvert armé d'un silex.

AFRIQUE DU SUD – 3 mai 2007

Un homme a été agressé chez lui par des cambrioleurs : ils l'ont déshabillé, l'ont fixé à son vélo d'appartement avec de la colle pour voler ses biens sous ses yeux. Entièrement nu, il a dû s'asseoir sur la selle du vélo qui avait été recouverte de colle forte. Ses mains et ses pieds en étaient aussi recouverts pour adhérer au guidon et aux pédales, ainsi que ses lèvres. Il a, dans cette posture peu flatteuse, été le spectateur du cambriolage de sa propre maison. La police n'a pas précisé si oui ou non il avait été obligé de pédaler.

L'homme a été secouru trois heures plus tard, quand sa compagne est rentrée à leur domicile.

FRANCE – 18 février 2010

Dans un Crédit du Nord près de Douai, un jeune homme s'introduit dans le sas de la banque en profitant du passage d'un client. Il porte un bonnet et brandit une arme de poing. Il dérobe plusieurs centaines d'euros en prenant un employé en otage. Pendant le braquage, qui ne dure que quelques minutes, il tient son téléphone près de l'oreille. Une fois dehors, il disparaît à pied.

Un mois plus tard, un bureau de poste est braqué de la même façon, avec ce qui semble être un gros pistolet automatique noir. Cette fois, c'est un client qui est pris en otage : l'agresseur donne vingt secondes au personnel pour remettre l'argent. Il prend la fuite avec plusieurs milliers d'euros. Encore un mois plus tard, un supermarché est attaqué à l'ouverture. Le braqueur au bonnet a une fois encore son téléphone à l'oreille.

Au cours de l'enquête, la police saisit l'arme du braqueur au domicile de l'un de ses proches : c'est un fusil de *paintball*, une arme factice qui envoie de la peinture.

Le suspect a avoué les faits dès son arrestation, et s'est expliqué sur les coups de téléphone qu'il donnait pendant les braquages : il appelait un taxi pour son départ. Le chauffeur était payé comme il se doit et ignorait tout des activités de son client.

FRANCE – 26 septembre 2010

Les habitants de la petite commune de Fontaine-la-Mallet, près du Havre, ont été réveillés en pleine nuit par un vacarme gigantesque. Inquiets, ils ont ouvert leurs volets pour voir ce qui se passait : ils ont alors été spectateurs d'un braquage hors du commun. Un voleur attaquait le distributeur de billets de la banque locale avec une tractopelle elle-même volée sur un chantier.

ÉTATS-UNIS – 13 décembre 2010

Les braqueuses de banque Brittney Sykes et Emma Westhusing ont trouvé un engin bizarre dans le sac rempli de billets qu'elles ont rapporté de leur dernière banque visitée. « Que cela peut-il bien être… » se demandent-elles.

Elles allument leur ordinateur pour chercher des indices sur Google, qui avait jusqu'à présent réponse à tout, mais ne trouvent cette fois-ci aucune réponse à leur interrogation.

Prises de panique, les deux jeunes femmes décident de cacher l'instrument sous le revêtement de sol de leur voiture. Il s'agissait d'un appareil enfoui à dessein parmi les 48 billets de banque remis par l'employée, et qui permet de suivre le trajet des voleurs.

La police n'a eu aucune difficulté à arrêter les deux braqueuses, d'autant plus qu'elles avaient perdu leur avance en restant assises une bonne heure face à leur écran d'ordinateur.

ÉTATS-UNIS – 26 octobre 2009

D'immenses conteneurs entreposés sur le site de l'entreprise Exel Logistics ont été dérobés. Leur contenu n'était pourtant que moyennement alléchant : on comptait 9 064 boîtes de serviettes hygiéniques, 152 boîtes de savons pour bébés et 380 boîtes de couches.

La police estime que c'était davantage les conteneurs eux-mêmes, plutôt que la marchandise, que les voleurs avaient dans le collimateur. En effet, la revente de couches-culottes au marché noir n'est pas le trafic le plus lucratif qui soit.

FRANCE – 20 novembre 2010

Dans la charmante petite ville d'Échirolles, en Isère, un jeune homme de 23 ans surfait paisiblement sur Internet. Il était sur un site de petites annonces et cherchait une nouvelle voiture.

Le mois précédent, il s'était fait voler son véhicule. L'aurait-il acheté une seconde fois ? La voiture qui lui avait été volée en septembre se trouvait à vendre sur le site qu'il consultait.

Le jeune homme a appelé les gendarmes qui lui ont donné un conseil : « Faites comme si vous étiez intéressé par cette voiture pour l'acheter, prenez rendez-vous avec le vendeur et nous nous occuperons de l'arrêter. »

C'est exactement de cette façon que les faits se sont déroulés. Le voleur avait 22 ans, un an de moins que sa victime. Placé en garde à vue, il a tout avoué.

FRANCE – 11 octobre 2010

Deux cambrioleurs se sont introduits dans une maison du Val-de-Marne en passant par une fenêtre. Une fois à l'intérieur, ils se sont retrouvés face aux occupants des lieux, un couple de sexagénaires. Pendant que l'un des malfrats maîtrisait les deux victimes, son complice a commencé à fouiller la maison à la recherche des biens de valeur.

Viril et vaillant, l'occupant des lieux s'est effondré au sol, évanoui, et sa femme a dû demander aux voleurs d'appeler les secours. Ce qu'ils ont fait en composant le « 15 ». Ils ont ensuite pris la fuite en emportant des bijoux et des téléphones portables.

FRANCE – 21 octobre 2010

Montpellier : trois individus, armés d'une fourchette à fondue et d'une tige de fer, braquent une laverie automatique.

Montant du butin : 90 euros et 5 kilos de lessive.

Le soir même, trois hommes âgés de 23 à 27 ans sont interpellés et placés en garde à vue.

FRANCE – 16 novembre 2010

Jacky Marin, exploitant du cinéma Le Royal à Condé-sur-Noireau, relativise : « Nous avons évité la catastrophe. »

Un samedi à 21 h 45, un homme encagoulé est entré dans le cinéma armé d'un couteau. Il menace le projectionniste en agitant la lame devant son visage.

L'alerte a été donnée et l'agresseur a immédiatement pris la fuite avec un complice, sans avoir rien pu emporter.

De toute façon, il n'y a en général que très peu de monnaie dans les cinémas : le personnel a du mal à comprendre une agression aussi stupide.

Quant à Pascal Allizard, maire UMP de Condé-sur-Noireau, il ne perd pas le nord : « Cet acte relance le débat sur la vidéosurveillance que nous avons en ce moment sur la ville. »

ÉTATS-UNIS – 16 novembre 2010

Qui s'attendrait à être agressé à l'arme blanche en plein musée de l'Arme à feu ? Quand ils flânent dans le parc du site historique de l'armée de Springfield et dans le musée, les visiteurs se sentent habituellement en sécurité. Pourtant, un visiteur a été agressé dans la librairie du site par un homme qui lui a volé son portefeuille en le menaçant avec un couteau.

Le personnel n'avait jamais vu d'agression sur le site depuis 1787, date de la « Shays' Rebellion », une révolte de fermiers qui protestaient contre une hausse des impôts et qui avaient très vite été maîtrisés par les autorités.

ÉTATS-UNIS – 24 septembre 2010

Le FBI est à la recherche d'un bandit qui a braqué une banque de l'Oregon en déposant une boîte au guichet et en menaçant le personnel de la faire exploser.

Après une analyse, il a été révélé que la boîte était en fait inoffensive, mais la menace d'utiliser un engin explosif exige l'intervention du FBI. Le voleur, identifié comme étant Ryan Homsley, reste introuvable. Seuls indices : son pull à rayures et ses lunettes rondes, fort semblables à ceux portés par le mystérieux Charlie de la série *Où est Charlie?*. Le FBI lui a vite trouvé un surnom, « Where's Waldo Bandit », et, comme dans leur enfance passée à s'abîmer les yeux en scrutant les pages des *Où est Charlie?*, les experts peinent à retrouver le criminel dans la foule.

ROYAUME-UNI – 27 octobre 2010

Lorenzo Mason a décroché le titre peu envié de criminel le plus stupide de l'année. Alors qu'il braquait une librairie, le visage masqué comme il l'avait lu sur Internet, il a retiré sa cagoule (souffrait-il de démangeaisons ?) pile devant une caméra de surveillance. La photo de son visage a été publiée dans la presse locale et c'est sa propre mère qui l'a dénoncé à la police.

AUSTRALIE – 6 mai 2010

Michael Baulderstone, propriétaire d'un magasin de bandes dessinées, l'Adelaide Comic Center, a empêché le vol d'une BD collector, tel un super héros. L'événement a eu lieu pendant l'International Free Comic Day, et, à cette occasion, Michael avait justement revêtu son costume de Spider-Man.

Quand Michael, qui avait repéré le comportement suspect d'un client entre les rayons de sa boutique, s'est élancé à la poursuite de l'homme qui avait caché une édition collector des *X-Men* dans son sac à dos, les autres clients et les passants ont cru à un spectacle. Quand Michael a crié : « Que quelqu'un bloque la sortie », ce sont des chevaliers Jedi qui sont intervenus pour lui venir en aide.

ÉTATS-UNIS – 27 novembre 2010

Voler du cuivre est une activité devenue banale depuis la hausse du prix de ce matériau. Les plaques d'égout, plaques mortuaires, pommeaux de douche et chariots d'avion (ceux avec lesquels les stewards apportent les plateaux-repas aux passagers) sont susceptibles d'être dérobés.

La police de Cleburne, au Texas, a été informée d'un cambriolage dans ce sens dans une maison d'une zone rurale. C'est un couple qui est soupçonné. D'après les informateurs, il est resté caché dans la maison sans pouvoir en sortir. Seul l'élément masculin a été retrouvé : il était dans la salle de bains, recroquevillé dans le placard au-dessus du lavabo.

ÉTATS-UNIS – 16 avril 2010

Victor Fernandes, professeur de journalisme, faisait la queue pour déposer un chèque dans une banque Wells Fargo de San Jose (Texas).

Il a eu la surprise de se trouver derrière un braqueur : c'est ce qu'il a compris quand il a entendu l'inconnu devant dire à la jeune employée : « Donnez-moi votre argent. » Victor Fernandes a réussi à saisir le bandit dans le dos de telle façon qu'il l'a immobilisé jusqu'à l'arrivée et l'intervention de la police.

M. Fernandes est un ancien photographe, autant dire qu'il a l'œil aiguisé. Il a remarqué que les deux complices du voleur étaient entrés en même temps que lui dans l'agence et se sont assis dans des fauteuils, un peu plus loin. Ce qu'il n'arrive toujours pas à comprendre, en revanche, c'est pourquoi ils sont restés parfaitement immobiles quand leur complice a été neutralisé, d'une part, et quand la police est arrivée, d'autre part. Le fait qu'ils n'étaient pas armés paraît, dans ces conditions, une évidence.

FRANCE – 29 avril 2010

À Guînes, dans le Pas-de-Calais, un homme déjà connu des services de police pour des vols et des violences a décidé de passer aux choses sérieuses en trouvant une spécialité. Après huit mois d'enquête dans le Nord-Pas-de-Calais, dans la Loire et d'autres contrées françaises, le voleur a été retrouvé et interpellé pour le cambriolage de 80 mairies. Il parcourait la France en mobylette pour casser des vitres et voler des carnets de timbres et un peu d'argent. Les bustes de Marianne n'étaient apparemment pas à son goût puisqu'il n'y a jamais touché.

ÉTATS-UNIS – 9 avril 2009

Les voleurs d'antiquités savent que plus un objet est ancien, plus il a de la valeur. Qui parmi eux accorde suffisamment d'importance à l'ancienneté du propriétaire de cet objet ?

Une vieille dame de 83 ans a été la victime d'un esthète de ce genre. Comme chaque semaine, elle se rendait dans une maison de soins infirmiers du Maine, dans le nord des États-Unis, vaillante sur son vélo Huffy qu'elle s'était offert en 1943. Avant d'entrer dans le centre de soins, elle laisse son vélo appuyé contre une boîte aux lettres, sans cadenas, comme à l'accoutumée. Le vélo antique a été volé par un individu sans scrupule, après soixante-six ans de bons et loyaux services. Il avait une grande valeur sentimentale aux yeux de sa propriétaire, antique elle aussi.

FRANCE – 12 octobre 2010

Les ouvriers de la société Résina, à Longueville (Seine-et-Marne), arrivent sur le chantier où ils sont employés, sur un réservoir d'eau potable. Ils sont médusés quand ils voient que leur échafaudage a été volé. Le préjudice subi s'élève à 2500 euros.

FRANCE – 12 octobre 2010

À Neufchâtel-Hardelot (Pas-de-Calais), onze potées de fleurs ont été dérobées sur la tombe d'une vieille dame décédée seulement deux semaines auparavant.

ÉTATS-UNIS – 25 mai 2009

Une ambulance et son personnel paramédical répondent à un appel d'urgence chez une vieille dame de 86 ans qui se plaignait de douleurs au niveau de la poitrine. Les infirmiers et ambulanciers garent leur véhicule devant l'entrée de son immeuble. Quand ils en ressortent avec la vieille dame sur un brancard, ils s'aperçoivent qu'il ne leur reste plus qu'à retourner dans l'appartement de la patiente et à la remettre dans son lit : l'ambulance a été volée. Et retrouvée par la police dix-neuf minutes plus tard.

FRANCE – 24 avril 2010

Un homme d'une cinquantaine d'années arrache le sac à main d'une femme dans une petite ville des environs d'Amiens. Quelques minutes plus tard, il est déjà poursuivi par la gendarmerie. Il se cache dans des taillis proches des quais de la Somme. Les gendarmes se rapprochent de sa cachette. Il saute à l'eau. En le rattrapant et en le ramenant sur la rive, les gendarmes ont sauvé de la noyade un fugitif qui ne savait pas nager. Il a pu se réchauffer et se réconforter au poste.

RUSSIE – 31 août 2007

Le 31 août 2007, la police de Moscou a arrosé une arrestation hors du commun : celle de l'auteur du vol « le plus volumineux de l'année ». Un chauffeur routier, âgé de 45 ans, a dérobé un pont métallique de 5 mètres de long, qui enjambait une rivière, dans la région de Riazan, à

160 kilomètres au sud-est de Moscou. Il a utilisé son véhicule de travail pour emporter le pont et l'a ensuite scié pour vendre les fragments comme ferraille.

SUÈDE – 24 décembre 2010

Alerte maximale au Palais royal de Stockholm : un garde s'est fait voler son arme, une carabine automatique AK-5, par deux inconnus déguisés en Père Noël. Ils ont frappé le garde et se sont enfuis en voiture. Un autre soldat a essayé de lui venir en aide, mais son intervention manquée a été absolument inutile.

« L'arme était chargée, a dit M. Krook, commissaire de police. Il semble que l'attaque ait été organisée, étant donné les circonstances », a-t-il cru bon d'ajouter.

Le commissaire de police n'a pas souhaité faire de commentaire sur le fait qu'un soldat entraîné et armé puisse être aussi rapidement délesté de son fusil d'assaut par deux civils sans arme.

Pour ceux qui s'en inquiéteraient, les jours des membres de la famille royale de Suède n'ont pas été mis en danger. Ils ont en effet pour lieu de résidence un autre château situé dans les environs de la capitale et qui répond au doux nom de Drottningsholm.

ÉTATS-UNIS – 3 janvier 2011

Certains commerçants, lorsque leur magasin est victime d'un vol, se tournent vers la police. Ils déclarent quel objet a été dérobé et livrent les images capturées par vidéo-surveillance, si le magasin dispose d'une caméra.

La gérante d'une station-service du Massachusetts en a décidé autrement. Elle a trouvé beaucoup plus amusant de mener l'enquête elle-même. Le cas n'était pas si ardu. Elle a repéré le visage du voleur sur les images de la caméra, et s'est rappelé qu'il avait utilisé sa carte de crédit pour acheter une bricole, avant de partir avec un écran plat.

Une fois l'identité du voleur déterminée, la gérante du magasin a fait comme toute personne un minimum sociable qui fait la connaissance de quelqu'un : elle l'a ajouté comme ami sur Facebook.

Puis, après quelques jours durant lesquels d'autres écrans plats auraient pu être dérobés à d'honnêtes citoyens américains, elle l'a enfin dénoncé à la police.

ÉTATS-UNIS – 7 janvier 2011

Une banque de Los Angeles a été braquée par un homme déguisé en infirmière, un masque de Dark Vador sur le visage et armé d'une hache.

L'erreur qu'il a commise, et qui a entraîné son arrestation, est bien connue des lecteurs de romans policiers : le braqueur est revenu sur les lieux du crime. Grave erreur qui, dans le cas de Gregory Sanchez, peut être pardonnée: il était employé dans la banque et venait reprendre son service. Tout simplement. Ses collègues avaient certainement reconnu une voix familière sous la blouse blanche et les bas.

TRAFICS, CONTREBANDE, DROGUE ET ALCOOL

Histoires de drogue et de beuveries

Trafic de tout et de n'importe quoi

Contrebande du reste

CANADA – 1er janvier 2010

Pour éviter le barrage qui sert aux policiers à faire passer des tests d'alcoolémie, une jeune femme de 26 ans grille un feu rouge. Elle est arrêtée peu de temps après et condamnée pour conduite dangereuse et conduite en état d'ivresse. Elle n'a pas le permis, son véhicule ne répond pas aux normes de sécurité requises, son étiquette d'enregistrement n'est pas valide et sa plaque d'immatriculation avait été volée. Il va sans dire qu'elle n'avait pas attaché sa ceinture. Son taux d'alcool dans le sang était environ dix fois supérieur à celui toléré au Québec.

La jeune femme transportait avec elle ses six enfants âgés de 3 à 11 ans.

ÉTATS-UNIS – 9 janvier 2011

Un homme arrêté au volant d'une voiture volée se défend : « Elle est à moi, cette voiture, je vous le jure ! Je ne l'ai pas volée ! Je l'ai payée pour l'avoir : j'ai donné pour 7 000 dollars de méthamphétamine à sa propriétaire en échange. »

ALLEMAGNE – 12 juin 2010

Un ancien pizzaïolo de Hambourg décide de devenir dealer. Il effectue sa première vente dans la gare principale de la ville. Ses deux premiers clients sont des policiers.

SUISSE – 11 juin 2010

Contrebande de frites à la frontière franco-suisse

Les douaniers suisses du Val-de-Ruz, dans le canton de Neuchâtel, ont intercepté une cargaison d'une tonne de frites congelées importées frauduleusement de France. Transportées par un commerçant suisse, les frites de contrebande étaient destinées à la revente dans des commerces de ce pays.

RUSSIE – 12 février 2010

Fausse déclaration à la douane : ils transportaient des morceaux de météorite

À la douane de Moscou, deux contrebandiers déclarent une cargaison de granit destiné à la construction et à la décoration de bureaux. Les agents des douanes se rendent bien compte qu'il y a une entourloupe et qu'il ne s'agit pas plus de granit que de caviar congelé. Une enquête qui a duré trois mois a révélé qu'il s'agissait de morceaux de météorite, tout simplement.

Les deux contrebandiers appartenaient à un réseau qui incluait des scientifiques et qui voulait faire passer en République tchèque deux morceaux de météorite de 100 grammes chacun. Tant qu'à faire, leur chargement contenait aussi des antiquités en argent, des livres anciens, des pierres semi-précieuses et des fossiles.

ROYAUME-UNI – 16 octobre 2010

Des policiers écossais ont reçu un appel surprenant de la part d'un enfant de 3 ans, peu après minuit. Il s'inquiétait pour sa baby-sitter qui était dans un état d'ébriété avancé. Après avoir pris le soin de leur indiquer l'adresse, l'enfant a attendu sagement l'arrivée des forces de l'ordre.

Jacqueline Robertson, 39 ans, n'était même pas en état d'ouvrir la porte aux policiers, c'est le petit garçon qui a dû le faire lui-même. La baby-sitter avait apparemment vidé une bouteille de vin. Quand les policiers ont emmené l'enfant avec eux pour le mettre en sécurité, Jacqueline, prise d'un accès de rage, a jeté un verre dans la direction de l'un d'eux. Elle a raté sa cible mais sera jugée pour abandon d'enfant.

ÉTATS-UNIS – 17 janvier 2011

Une femme moderne appartenant à une famille progressiste a reçu comme cadeau de Noël, de la part de ses enfants, un bel aspirateur tout neuf. Quand, tout excitée, elle s'est empressée de l'utiliser, l'aspirateur ne fonctionnait pas. Ô misère. Le sac était rempli de 2 kilos de drogue : un kilo de crystal méthamphétamine et un autre de cocaïne pour une valeur estimée à la revente de 280 000 dollars (209 000 euros).

Un cadeau plus beau qu'il en avait l'air à première vue !

D'après les enquêteurs, un trafiquant a placé les stupéfiants dans l'aspirateur lors de son envoi dans la région de Juárez, au Mexique, où le paquet a été emballé.

SUÈDE – 11 juillet 2007

La Suède est l'un des pays d'Europe où la législation sur l'alcool est la plus prohibitive. L'État en détient le monopole et les prix sont très élevés. De plus, l'importation de bouteilles d'alcool est interdite.

En toute logique, les douaniers suédois ne savent plus que faire de toutes les bouteilles qu'ils saisissent aux frontières. Au lieu de les boire et/ou de les vendre au marché noir, ils ont pris la décision sage et raisonnable de s'en servir pour produire un carburant respectueux de l'environnement : le biogaz. Le biogaz est un mélange d'alcool avec le biométhane, gaz relâché au cours de la phase de fermentation de tout déchet organique. En Suède, actuellement, des centaines de voitures, environ un millier de bus et même un train fonctionnent grâce au biogaz.

ROYAUME-UNI – 6 décembre 2010

Derek Sergeant a une tendance à l'alcoolisme. Quand il est ivre (souvent), il a une blague préférée. Elle l'amuse tellement qu'il l'a répétée 73 fois en huit mois.

En pleine rue, il tombe sur le sol en simulant une crise cardiaque et se fait passer pour mort. Les passants s'affolent, appellent une ambulance. Quand les secours arrivent, il se redresse d'un coup en s'exclamant : « Je vous ai bien eus ! » et il part d'un grand rire.

Il est à chaque fois conduit à l'hôpital par les ambulanciers, par acquit de conscience. Du coup, il a déjà coûté 16 500 euros au contribuable britannique.

Pour mettre un terme à la farce, et parce que « les blagues les plus courtes sont les meilleures », la police l'a obligé à signer un contrat stipulant qu'il ne recommencerait plus.

Désormais, s'il simule de nouveau une crise cardiaque ou tout autre comportement suspect donnant à croire qu'il est mort ou sur le point de mourir, il risquera jusqu'à cinq ans de prison.

LUXEMBOURG – 11 janvier 2011

Un homme de 58 ans passait la frontière entre le Luxembourg et l'Allemagne en voiture. Les douaniers trouvaient sa mallette un peu lourde. Ils l'ouvrent et s'aperçoivent que ce sont ses chaussettes qui pèsent tant : elles sont remplies de lingots d'or pour une valeur totale estimée à 105 000 euros.

ÉTATS-UNIS – 13 janvier 2011

Déjà sur les dents pour empêcher toute infiltration terroriste ou trafic de drogue, les douaniers américains en poste à la frontière canadienne traquent, en plus de cela, les importations illégales d'œufs en chocolat « Kinder Surprise ».

Ces produits sont rigoureusement interdits sur le sol américain depuis 1972 : Washington craint de voir de jeunes enfants s'étouffer en avalant les petits jouets à l'intérieur.

RUSSIE – 14 décembre 2010

Yana Frolova, jeune policière russe de 21 ans, a été interpellée en flagrant délit à Saint-Pétersbourg. Elle tentait de vendre plus de 2 kilos de natrium oxybutyricum, une substance chimique interdite qui est notoirement utilisée comme une drogue par des toxicomanes.

La valeur de la marchandise à la revente est de 10 000 roubles, soit 250 euros.

ÉTATS-UNIS – 22 novembre 2006

Une Américaine a été condamnée à trois mois de prison ferme pour avoir fumé quotidiennement de la marijuana avec son fils de 13 ans pour le récompenser quand il avait bien fait ses devoirs.

Elle a plaidé coupable de corruption d'un mineur et de possession de drogues et d'accessoires facilitant la consommation de drogues.

ÉTATS-UNIS – 16 décembre 2010

Une mère de famille de l'Illinois, âgée de 35 ans, a volé le contenu de la voiture de sa mère: elle contenait tous les cadeaux de Noël destinés à ses enfants. Elle les a tous revendus pour s'acheter du crack.

Les policiers l'ont retrouvée dans un motel alors qu'elle était en train de se droguer. Elle a avoué les faits et passé les fêtes en prison.

ITALIE – 12 décembre 2010

« La consommation de cocaïne est interdite durant le service. » C'est, en substance, le contenu d'une note que le directeur d'un hôpital des Pouilles a fait circuler auprès de son personnel. Il avait auparavant reçu des dénonciations anonymes. Or, le directeur de l'hôpital encourt des sanctions disciplinaires, ce genre de circulaire est apparemment interdit. La direction des affaires sociales de la province de Lecce a ouvert une enquête interne et saisi le parquet.

ÉTATS-UNIS – 26 novembre 2010

New York, 5 heures de l'après-midi. Une femme agent de la circulation, qui avait déjà treize ans d'ancienneté dans la profession, se rend à son lieu de travail en voiture. Alors qu'elle traverse Brooklyn, elle percute un autre véhicule. Elle était complètement ivre. On s'est vite aperçu que l'agent de la circulation avait les yeux vitreux et que son discours était incohérent.

MEXIQUE – 12 mars 2009

Felipe Calderón, président du Mexique, est fort chatouilleux. Il n'apprécie guère que le magazine de gringos *Forbes* inclue dans sa célèbre liste de milliardaires Joaquin « El Chapo » Guzman, le trafiquant de drogue le plus recherché du Mexique. Il va même jusqu'à qualifier le comportement de *Forbes* d'« apologie du crime ». « L'opinion publique ainsi, maintenant, que les magazines ne se contentent plus d'attaquer et de mentir sur la situation au Mexique. Ils vont jusqu'à exalter les criminels », ajoute-t-il.

L'apparition dans la liste de *Forbes* de Joaquin « El Chapo » Guzman, 54 ans, évadé en 2001 d'un pénitencier de haute sécurité du Mexique et considéré comme le chef du puissant cartel de la drogue dit de Sinaloa, a fait l'effet d'une surprise et même d'un choc. Pourtant, il a été précédé dans ce palmarès par le non moins célèbre Colombien Pablo Escobar.

Forbes se défend : « El Chapo » est effectivement à la tête de la 701e fortune du monde, avec un milliard de dollars.

CHINE – 2 juin 2004

Pendant la journée de lutte contre le tabagisme, le 31 mai, « Z. Y. » sillonne les villes et arrache les cigarettes des lèvres des passants. Il a déjà sévi dans 69 villes chinoises en trois ans (c'est-à-dire 23 villes par an).

Il apparaît en une du journal local *Mong Pao Daily News*, en pleine action, en train d'ôter une cigarette de la bouche d'un vieil homme qui a dû croire à un vol à l'arraché d'un nouveau genre, alors qu'il s'agissait d'un acte militant.

ÉTATS-UNIS – 13 mai 2004

Un juge de Géorgie a condamné un toxicomane de 24 ans, qui conduisait sous l'empire de l'alcool et de l'héroïne, à acheter un cercueil et à l'exposer chez lui pendant six ans. Il espère que cette peine alternative à la prison incitera le jeune homme à entreprendre une cure de désintoxication.

BELGIQUE – 26 juin 1973

Henri aime bien boire, mais parfois il exagère. Une nuit, vers 1 h 30 du matin, des agents le retrouvent complètement soûl en train de divaguer, près de Liège. Il est emmené au poste pour décuver puis on le relâche à 6 heures. À 14 h 30, il est de nouveau ivre ; des policiers de Grivegnée l'enferment jusqu'à 21 h 30. Sorti de cellule, Henri revient à Liège. Le lendemain, dans l'après-midi, il était affalé devant un grand magasin. Il se retrouve de nouveau en cellule.

ROYAUME-UNI – 30 novembre 2008

Deux employés d'une pizzeria ont été surpris en train de faire l'amour dans le restaurant. Ils n'avaient pas remarqué qu'ils se trouvaient juste devant une vitre qui donnait sur la rue. Un groupe de passants s'est évidemment rassemblé pour assister à la scène. Les deux joyeux drilles étaient appuyés sur une table, avec, à côté d'eux, une bouteille de vin vide et deux verres. Ils n'avaient pas même pas pris la peine d'enlever le tablier et la casquette rouge distinctifs des employés de la pizzeria. Et cet accoutrement ne contribuait pas à les rendre discrets.

Le propriétaire de l'établissement a déclaré son mécontentement : « Nous prenons tout cela très au sérieux et nous enquêterons en interne. »

ROUMANIE – 12 août 2010

La police roumaine a démantelé un réseau de contrebande formé par un gang de quatre hommes. Le conseiller local qui était à la tête du groupe a été condamné à sept ans de prison ferme. Il a été pris en flagrant délit par la police des frontières avec une cargaison d'une valeur de 20 000 euros de cigarettes et d'autres marchandises illicites.

« La course-poursuite ne s'est pas révélée très dure ni périlleuse », reconnaissent les policiers avec humilité. Les forces de l'ordre étaient à bord d'une jeep et les contrebandiers se déplaçaient en charrette tirée par un cheval.

ÉTATS-UNIS – 6 septembre 2010

Le shérif Leo Dutton reçoit un texto sur son portable, d'un numéro inconnu de lui : « Hé ! mec, tu en as pour 20 dollars ? C'est pour la prendre tout de suite. »

Le shérif se doute qu'il s'agit d'une erreur et d'une histoire de drogue. Il organise un rendez-vous avec le jeune homme dans un magasin. Une fois arrivé sur place, le shérif voit deux jeunes gens de 15 et 16 ans accompagnés du père de l'un d'entre eux. Pour s'assurer de l'identité du jeune homme qu'il a en ligne de mire, le shérif compose le numéro à trois reprises. Il se dirige alors vers lui et présente son badge de service. L'un des deux adolescents s'est affalé sur le sol, évanoui.

ÉGYPTE – 18 octobre 2010

Les douanes égyptiennes ont arrêté un passager en provenance d'Athènes qui transportait dans ses bagages de la viande hachée farcie à l'or. Valeur de son casse-croûte ? 43 700 dollars.

MEXIQUE – juin 2009

Les autorités mexicaines ont saisi une cargaison d'une trentaine de requins congelés et farcis à la cocaïne.

FRANCE – 26 mai 2010

Un camion censé transporter de l'eau minérale... Le sens de l'ironie est-il une circonstance atténuante dans un cas de contrebande de 15 000 bouteilles de 35 cl de vodka et 7 200 bouteilles de whisky ?

Il s'agit de savoir si les douaniers calaisiens qui ont arrêté ce chargement ont beaucoup ri.

ITALIE – 12 novembre 2010

Un ressortissant russe a été arrêté à Trieste en possession de 150 cartouches de cigarettes.

Il était à bord d'un bus italien parti de Budapest et détenait de faux papiers d'identité lettons.

ÉTATS-UNIS – 3 septembre 2010

La fondatrice de Women's Health America, qui procure des traitements gynécologiques, a été arrêtée pour le trafic de millions de doses de contrefaçon de Viagra.

CHINE – 22 mars 2007

La police affiliée à la chambre de commerce et d'industrie de la province de Jiangxi a saisi une cargaison de 500000 crayons à papier, d'une valeur totale de 150000 yuans. Il s'agissait de contrefaçons de la célèbre marque de crayons en bois Chung Hwa.

ESTONIE – 30 septembre 2008

Onze personnes ont été inculpées en Estonie de contrebande, pour avoir importé illégalement d'importantes quantités d'alcool russe par un tuyau long de 1,6 kilomètre, posé à travers la frontière au fond de l'eau.

Les suspects, russes et estoniens, se voient reprocher l'importation par cette voie inhabituelle d'au moins 6200 litres de spiritueux, évitant de payer les taxes de 57000 euros. Ils risquent à ce titre jusqu'à cinq ans de prison, selon le parquet.

Le tuyau, immergé dans un étang à proximité de la ville de Narva (nord-est), sur la frontière russo-estonienne, était « très fin mais très résistant », a déclaré Mme Luuk.

Ce tuyau avait été découvert par les douanes estoniennes en novembre 2004, quelques mois après l'adhésion de l'Estonie à l'Union européenne. Deux ans plus tard, un tuyau similaire a été découvert dans la même région.

Le procédé devait être très lucratif, puisque la vodka en Russie est environ 30 % moins chère qu'en Estonie.

ARGENTINE – 9 janvier 2011

Un réseau de narcotrafiquants a été démantelé : ses membres ont fait passer 55 kilos de cocaïne, une arme, des munitions, 250 000 pesos et 50 000 dollars en liquide cachés à bord d'un convoi mortuaire. Ils ont été arrêtés par les forces de police des frontières au moment d'entrer sur le territoire bolivien.

CHILI – 11 juin 2009

Sandra Figueroa Saavedra devait acheminer une quinzaine de kilos de cocaïne jusqu'à Madrid. La jeune Argentine a été arrêtée à l'aéroport de Santiago du Chili, alors qu'elle avait eu une idée excellente : ses valises elles-mêmes étaient composées d'un mélange de résine et de stupéfiant duquel devait être extraite la cocaïne.

KAZAKHSTAN – 19 février 2009

Vingt-cinq ans, l'un des plus beaux âges de la vie. Pour les humains, certainement, mais pour les cuisses de poulet, beaucoup moins. La municipalité de Pavlodar, au Kazakhstan, a mis en garde la population contre des grossistes qui vendent des stocks de pilons congelés loin d'être de la première jeunesse. La marchandise porte encore le sceau de l'armée américaine qui marquait l'aide alimentaire sous la perestroïka.

POLOGNE – 20 octobre 2009

Les douaniers polonais ont saisi 25 tonnes d'anguilles congelées. Importées de Chine, elles avaient été déclarées en tant qu'anguilles japonaises. Heureusement qu'elles ont été soumises à des tests ADN qui ont démenti leur prétendue origine nippone.

ÉTATS-UNIS – 20 novembre 2009

Les agents douaniers du port de Los Angeles ont saisi une cargaison de 316000 bongs, ces pipes à eau qui servent à fumer de l'herbe. Les 860 caisses étaient censées transporter des décorations de Noël.

ÉTATS-UNIS – octobre 2008

Fabriquer de la fausse monnaie est malhonnête, déloyal et perturbe l'économie en augmentant la masse monétaire artificiellement. Mais qu'en est-il si les faux billets sont si peu ressemblants qu'ils ne trompent personne ?

Il suffit d'une bonne photocopieuse en couleurs et d'un tantinet d'audace pour être faux-monnayeur. Une fois vos billets de 100 euros (tant qu'à faire) imprimés recto verso et découpés bien droit, c'est parti pour se faire plaisir en virée shopping.

Joey et Erica devaient une grande somme d'argent à Carlos, leur dealer. « On est fauchés, Carlos, on n'a plus un radis », disait le couple. Le dealer trouve un bon compromis : « Erica, si tu me laisses utiliser ta photocopieuse, je fabriquerai de faux billets et nous serons quittes. »

On ne peut pas dire que Carlos soit un expert : il fait des copies en couleurs de billets de 100 dollars, recto et verso, et les duplique sur du papier kraft. Il les découpe et colle les deux faces dos à dos. Il les froisse un peu pour leur donner un aspect authentique.

Erica prend le relais et dessine (au feutre ?) les lignes magnétiques des vrais billets.

Une fois l'œuvre terminée, Carlos pose une question cruciale : « Comment on fait pour les écouler maintenant ? » Ces jeunes sont pleins de ressources. Erica a une copine caissière chez Wal-Mart. Chrystal, qu'elle s'appelle. Elle regarde les billets et dit : « OK, ça peut le faire. »

Erica et Joey se pointent à la caisse de Chrystal dès le lendemain et lui achètent pour 500 dollars de chèques cadeaux. L'entourloupe est tout de suite repérée par les employés de Wal-Mart et, dans les deux jours, la police débarque chez Joey et Erica et les arrête. Chrystal, quant à elle, est condamnée pour fraude.

La défense de la caissière ne manque pas de piquant : « Arrêtez, les gars, vous les avez regardés, ces billets, franchement ? N'importe quel imbécile pouvait tout de suite voir qu'ils étaient faux. Ce n'est pas une escroquerie, le coup de Joey et Erica, seulement une preuve de plus qu'ils sont complètement tarés. De vrais gamins attardés qui veulent jouer au Monopoly dans la vraie vie. »

La question se pose : un faux-monnayeur dont la fraude serait si grossière qu'elle pourrait être repérée immédiatement doit-il être aussi lourdement condamné qu'un vrai truand qui abuse de la confiance de ses concitoyens ? Ni le droit américain ni le droit français n'apportent de précision sur cette question si on s'en tient aux textes : l'article 442-1 du code pénal dit : « La contrefaçon ou la falsification des pièces de monnaie ou des billets de banque ayant cours légal en France ou émis par les institutions étrangères ou internationales habilitées à cette fin est punie de trente ans de réclusion criminelle et de 3 000 000 de francs d'amende. »

Le texte américain est comparable, avec l'usage du terme « *counterfeit money* ». Or Chrystal pointe le fait que « *counterfeit* » n'est pas défini dans l'article. C'est la définition du terme qui pourrait la sauver. Il faut, dit-elle, distinguer l'argent faux (*fake*) de l'argent contrefait (*counterfeit*). La notion de contrefaçon implique en effet l'idée de la tromperie : il s'agit de faire passer un faux pour un vrai et de retirer un avantage matériel de la duperie. Comme la duperie implique un minimum de ressemblance entre un faux et un vrai billet, des faux-monnayeurs aussi dilettantes ne devraient pas être inquiétés.

Malheureusement pour les comparses, la justice ne s'est pas embarrassée de ces considérations et les a condamnés à des peines de prison.

TRAFICS D'ÊTRES HUMAINS

INDE – 16 août 2010

Un Indien a vendu sa fille pour pouvoir acheter de l'alcool. Quand il est entré dans le petit magasin du coin, le commerçant a refusé de le servir : il avait déjà des dettes.

Qu'à cela ne tienne : il décide de vendre sa fille de 6 ans aux enchères dans la rue. Elle a été accordée au client qui en proposait le prix de 16,50 euros. La police a été avertie et la transaction a été annulée au dernier moment. Le client a pris la fuite.

◎

CANADA – juin 2010

Un couple essaie de vendre son enfant de 6 mois pour 25 dollars canadiens devant un magasin Wall-Mart. Leur père s'approche de deux femmes pour leur proposer cet échange, et elles ont d'abord cru à une blague, naïves qu'elles sont. C'est en voyant qu'il insistait qu'elles ont compris qu'il était sérieux. Elles ont refusé et l'homme, en bougonnant, est reparti chez lui en voiture. Les deux femmes ont noté le numéro de sa plaque d'immatriculation pour le dénoncer à la police. Les parents qui voulaient vendre leur enfant 25 dollars ont été arrêtés à leur domicile. Ils sont soupçonnés d'avoir agi sous l'influence d'une substance illicite et condamnés pour avoir mis la vie de leur enfant en danger. Celui-ci a été pris en charge par les services de protection de la jeunesse.

◎

ÉGYPTE – 12 janvier 2008

Une Égyptienne a porté plainte contre son mari en l'accusant d'avoir vendu un de ses reins à son insu au marché noir, après lui avoir fait croire qu'elle avait eu un accident de la route.

◎

CHINE – 17 décembre 2009

Le don de plasma est encore plus utile que le don du sang, car un don de plasma permet d'obtenir trois fois plus de sang qu'un don du sang, sans que le donneur perde aucun de ses globules. En effet le plasma sanguin est le composant liquide du sang, dans lequel les cellules sanguines sont en suspension.

C'est aux grands brûlés, aux hémophiles et aux patients qui souffrent de déficiences immunitaires graves que le don de plasma est le plus utile. Or, une enquête du bureau de la Santé publique de Chengdu a révélé que des doses de plasma destinées aux patients d'un hôpital avaient été remises à un amateur d'orchidées.

Fièrement, le jardinier avait publié sur Internet des photos de ses plantes, nourries avec un « engrais riche en protéines ». Un cadre et un employé de l'hôpital ont été limogés.

◎

BELGIQUE – 24 novembre 2008

La justice belge a été saisie pour une affaire de vente sur Internet d'un bébé belge à un couple de Néerlandais (qui cherchait une source de blagues intarissable). Aux curieux qui se demanderaient la peine qui sera affligée aux parents indignes, la justice belge répond : « Rien du tout. » On se trouve là face à un vide juridique qui fait qu'aucune sanction n'a été prévue par le code pénal. Il ne s'agit pas d'un abandon d'enfant puisque le bébé ne sera pas en danger après la transaction. La traite d'êtres humains a une définition spécifique et la vente d'un bébé par ses propres parents ne s'y applique pas.

Dans ces conditions, on souhaite bonne chance à ce malheureux bébé belge.

◎

ESPAGNE – avril 2009

La crise économique qui frappe l'Espagne, avec un taux de chômage de 15 %, fait fleurir le commerce de reins, poumons, moelle, etc. Sur des sites Web comme habitamos.com, on voit des annonces telles que celle-ci :

« Homme de 29 ans, en parfait état de santé, résidant à Gijón (Asturies), non-fumeur, vend pour 150000 euros un de ses reins. »

D'après le ministère de la Santé et la police, une trentaine de ces annonces ont été repérées sur 13 sites Internet.

Les vendeurs, un peu gonflés, n'hésitent pas à demander des fortunes : de 15 000 à 1 million d'euros. Ils sont espagnols pour la plupart et on compte aussi de nombreux immigrés latino-américains.

Justement, l'Espagne est, depuis une quinzaine d'années, un pays en pointe en matière de transplantation d'organes. Le système de dons d'organe reposait au départ sur l'altruisme et 1 577 généreux donateurs ont donné de leur personne en 2007. La ville de New York elle-même s'inspire du modèle espagnol : l'un de ses points fort tient à des ambulances équipées spécialement pour transporter les organes prélevés d'un hôpital à l'autre. Un bon filon, donc.

◎

CHINE – octobre 2005

Le 28 octobre 2005, Wu est retrouvé et arrêté par la police de Shanghai. Il est accusé d'avoir mis aux enchères sur e-Bay deux enfants : un petit garçon au prix de départ de 28 000 yuans (3 000 euros) et une petite fille pour 13 000 yuans (1 400 euros).

La branche chinoise du site a affirmé que l'annonce avait été retirée quelques heures après sa publication seulement, le 16 octobre.

Le suspect, quant à lui, assure à la police que ce n'était qu'une blague.

◎

INDE – 27 novembre 2010

Un jeune « marié en série » de 27 ans a été arrêté dans la région de Darjeeling. Pendant cinq ans, il s'est présenté à des jeunes filles comme un soldat de l'armée indienne, bien payé, rentré chez lui en permission. Il épousait l'une des jeunes filles du village puis la vendait à une maison close de Bombay ou Pune.

L'homme s'est marié avec au moins 60 femmes en changeant de village pour séduire des jeunes filles issues de familles paysannes pauvres et employées dans les plantations de thé. Chacune était vendue pour une somme comprise entre 70 000 et 100 000 roupies (de 1 100 à 1 650 euros). Neuf de ses victimes seulement ont été retrouvées.

◎

ÉTATS-UNIS – 3 février 2007

Un jeune médecin de 26 ans voulait faire plaisir à sa petite amie, une strip-teaseuse qu'il avait rencontrée dans la boîte où elle se produisait. Il lui a donc offert une main de cadavre qu'il avait volée lors de ses études dans le New Jersey. Son amie, Linda, était ravie et gardait la main dans un bocal, en évidence dans un vaisselier de sa salle à manger.

C'est lors d'une intervention de la police au domicile de Linda, pour une tout autre affaire, que la présence de cet objet inhabituel a été découverte.

« L'enquête a révélé qu'elle s'était montrée intéressée devant lui par une telle acquisition, et il a donné suite à sa requête », a révélé le substitut du procureur du comté de Middlesex, Judson Hamlin. Le couple a été mis en examen.

◎

CHINE – 29 décembre 2009

Le *China Daily* relate l'histoire d'un couple en difficulté financière qui aurait vendu son bébé, âgé seulement d'un mois. Les parents en ont obtenu 2 500 yuans, soit 256 euros. C'est peu, mais c'est assez pour acheter un téléphone portable avec un abonnement, et c'est justement ce dont les parents avaient besoin. Ils se sont rendus dans le magasin de télécoms tout de suite après la vente.

Le client, un trafiquant d'enfants, comptait le revendre environ 1 000 euros, mais le nourrisson a été récupéré entretemps par les autorités et les parents ont été arrêtés.

CRIMES ET ANIMAUX

S'applique aux animaux ce qui s'applique au reste :
ce qui est rare est convoité.
Convoité, voire plus : désirable et désiré,
pour de bonnes ou mauvaises raisons.
J'entends par mauvaise raison la luxure
et par bonne raison l'appât du gain.

On les charme, on les capture, les endort
et les ligote, puis on les fait passer tant bien
que mal par avion, direction la clientèle.
C'est moins discret que des capsules de cocaïne
mais c'est une meilleure compagnie.

J'entends déjà les toxicomanes protester.
En tout cas, les zoophiles seront d'accord avec moi.
Je devais leur accorder une place
dans une rubrique qui touche aux animaux…
ça ne peut que leur faire plaisir.

Désirables, désirés, mais pourtant si innocents…
Innocents ? Demandez plutôt à cette femme,
en Russie, qui a accusé son chat de terrorisme.
Elle avait tort – cette fois – mais, pour sa défense :
les animaux sont souvent truffés des mauvaises
intentions de leurs maîtres.

FRANCE – 16 juillet 2010

Il arrive souvent aux douaniers des aéroports français de faire d'étranges découvertes dans les valises ou autres colis tout droit sortis des avions. Cette fois, les douaniers de Roissy ont saisi plus de 200 dents de poisson-scie, une espèce menacée d'extinction et protégée, lors de deux prises de colis sur un trajet entre le Sénégal et l'Équateur. La première saisie a eu lieu le 22 juin : les douaniers en charge du fret ont contrôlé deux colis sur le trajet Sénégal-Équateur, supposés renfermer un peu plus de 2 kilos de documents. À l'ouverture, ceux-ci ont découvert, à la place de ces documents, ce qu'ils ont d'abord pris pour des griffes d'animaux, racontent-ils. Il aura fallu l'intervention d'un expert zoologiste, pour finalement comprendre qu'il s'agissait en fait de 75 dents provenant de rostres de poisson-scie, espèce reprise à l'annexe I de la Convention de Washington. Ces dents de poisson-scie sont généralement utilisées comme des objets de décoration.

MEXIQUE – 19 juin 2010

À Mexico, un passager suspect a été arrêté avec 18 bébés singes de l'espèce « titi » qu'il avait dissimulés sur lui, dans ses vêtements, chacun dans un petit sac. Deux d'entre eux sont morts pendant le trajet, sûrement ceux qu'il avait cachés dans ses poches arrière de pantalon.

NORVÈGE – 29 octobre 2009

Un jeune homme a été arrêté alors qu'il débarquait d'un ferry en provenance du Danemark. Les douaniers ont tout d'abord trouvé une araignée dans son sac. Cette trouvaille leur a donné l'idée de chercher plus loin. Bonne initiative : le jeune suspect portait 4 jeunes pythons royaux scotchés autour de son torse et 14 geckos autour de ses jambes.

THAÏLANDE – 30 août 2010

Un bébé tigre âgé de 2 mois a été découvert à l'aéroport de Bangkok dans les bagages d'une Thaïlandaise qui s'apprêtait à embarquer pour l'Iran. L'animal a été détecté aux rayons X, il était drogué et maintenu à l'intérieur de la valise avec un élastique, sommairement. Un douanier aurait pu ouvrir la valise pour vérifier son contenu. Heureusement, la voyageuse avait prévu cette éventualité : afin que, dans ce cas, il passe inaperçu, le tigre était fourré au milieu d'animaux en peluche.

ALLEMAGNE – 27 novembre 2008

Les douaniers font parfois des trouvailles moins charmantes. À Munich, ils sont tombés sur un crâne de singe en putréfaction couvert de vers. Le colis a attiré leur attention en raison de l'odeur pestilentielle qui s'en dégageait.

AUSTRALIE – 3 février 2009

Fraîchement débarqué d'un vol en provenance de Dubai, un jeune homme de 23 ans est interpellé par les services des douanes australiens. Signe distinctif qui a éveillé les soupçons : son pantalon roucoulait. Quand il se déshabille, il laisse apparaître un couple de pigeons voyageurs dans ses chaussettes. Madame avait même pondu des œufs.

FRANCE (TAHITI) – 13 août 2010

Quand, pour une raison ou pour une autre, le destinataire de la cargaison suspecte ne peut pas réceptionner le bagage, celui-ci reste à l'abandon. C'est comme ça que 6,5 kilos de cocaïne ont été retrouvés parmi les « objets trouvés » de l'aéroport de Bruxelles. Dans la même logique, les femmes de ménage de l'aéroport de Tahiti-Faa'a ont trouvé 14 scorpions vivants, enfermés dans un bocal, dans une poubelle des toilettes pour hommes. Les scorpions ont été remis au service vétérinaire de la Polynésie française.

INDE – 12 octobre 2009

Le braconnage et le trafic d'ivoire de contrebande sont un fléau connu et répandu, mais certains contrebandiers ont encore beaucoup plus d'audace : la police de l'État d'Assam, au nord de l'Inde, a démantelé un réseau de trafic d'éléphants vivants. Cinq suspects ont été arrêtés alors qu'ils faisaient passer illégalement un checkpoint à un éléphant adulte et deux jeunes. Ce trafic durait depuis cinq ans, et 92 de ces bêtes de 3 mètres de haut et d'une demi-tonne ont été transportés en douce.

RUSSIE – 7 octobre 2010

Qu'en serait-il si les mammouths étaient encore de ce monde ? Les deux Russes jugés à Saint-Pétersbourg en octobre 2010 ont dû se contenter d'importer clandestinement 100 tonnes de défenses de ces animaux antédiluviens qu'ils avaient dégotées en Sibérie. Le sol de l'Iakoutie et du Grand Nord est truffé d'ossements de mammouths. Il suffit de se baisser pour en ramasser dans le permafrost et les vendre 700 euros le kilo sur le marché du « matériel paléontologique ». Nos deux Russes coupables ont été condamnés à huit ans de prison avec sursis.

MADAGASCAR – 1er juin 2010

À croire que les trafiquants d'animaux marchent toujours par paire : à l'aéroport de Kuala Lumpur, deux femmes malgaches ont été arrêtées avec des valises bien achalandées. Elles transportaient quelque 300 tortues, sans oublier un peu de drogue. Les animaux appartenaient aux espèces très rares de la tortue radiée de Madagascar et la tortue araignée. Les douaniers ont aussi trouvé dans leurs bagages une tortue à soc, alors que la population totale de cette espèce est estimée à quelques centaines seulement.

Auparavant à Ivato, dans le même pays, un Russe avait essayé de faire passer discrètement une centaine d'amphibiens dans ses bagages. Un Chinois avait tenté l'expérience avec 500 caméléons.

En septembre 1999, une Française est rentrée du Mexique avec 300 mygales vivantes ramenées en souvenir. La même année, les douaniers de l'aéroport Roissy-CDG ont fait une belle saisie : 455 tortues, 24 boas et 3 autres serpents d'un coup. Vivants, bien sûr. Chaque animal était enveloppé dans un sac en coton, le tout recouvert d'une couche de zinc isolante fermée par des joints en silicone pour passer à travers les rayons X. Les douaniers de Roissy font chaque jour au moins une saisie de ce type. Jean-Yves Mahé, directeur général des douanes de l'aéroport, tient à préciser que « parfois, c'est juste un serpent ou un singe ramené mort dans une valise pour être cuisiné ».

RÉPUBLIQUE DÉMOCRATIQUE DU CONGO
25 août 2010

La contrebande d'animaux sauvages connaît parfois, heureusement pour nous, des dénouements plus spectaculaires qu'une banale arrestation.

Le 25 août 2010, un Let 410 Turbolet s'écrase lors d'un vol intérieur en République démocratique du Congo. Le seul rescapé de cette catastrophe, parmi les 21 personnes à bord, et seul témoin de la cause de l'accident, nous explique : l'un des passagers avait emmené un crocodile dans son bagage à main. La bête s'est réveillée en plein vol et s'est extirpée du bagage, provoquant un mouvement de panique généralisé dans l'avion. Une hôtesse, terrorisée, s'est précipitée dans le cockpit pour se mettre à l'abri. Ce faisant, elle a entraîné les passagers à la suivre. Le pilote – belge, et également propriétaire de la compagnie aérienne Filair –, paniqué au milieu de ce cockpit soudainement bondé, a perdu le contrôle de l'appareil.

On a retrouvé le crocodile vivant parmi les décombres : ce sont les secouristes qui l'ont abattu à coups de machette.

AFRIQUE DU SUD – 4 mars 2009

À la réserve de chasse de Mafikeng, on lutte contre le braconnage et on protège les rhinocéros : les vétérinaires ont inséré une puce GPS dans la corne de cinq d'entre eux. Ils peuvent localiser l'animal et si la corne est coupée et emportée par des braconniers, il sera possible d'en suivre le parcours (de la corne).

AUSTRALIE – 7 novembre 2010

Un bébé koala d'un zoo du Queensland s'est fait tirer dessus : on a dû extraire 15 plombs de son corps et de son crâne. Sa mère, elle, n'a pas survécu à cette attaque difficilement compréhensible. Le meurtre d'un koala est passible de deux ans de prison.

FRANCE – 19 octobre 2010

Trois chats ont été empoisonnés et 13 autres restent introuvables depuis mai 2010 à Périgueux. Une adhérente de SOS Chats libres en a même trouvé un qui agonisait devant son portail. Les 13 chats qui manquent à l'appel pourraient avoir été enlevés pour alimenter un trafic de fourrure.

ÉTATS-UNIS – 30 septembre 2010

Un résident de Harlem, à New York, a été filmé dans l'ascenseur de son immeuble alors qu'il jouait au squash avec son minuscule chien en guise en balle. Il avait appelé le chien Dutch (Hollandais). L'homme a été surpris soulevant le chien par la laisse, le maintenant en l'air suspendu par le cou, le projetant contre le sol et les parois de l'ascenseur.

En janvier de la même année déjà, dans le même ascenseur du même immeuble, un loulou de Poméranie et un autre chien, croisement entre un loulou et un chihuahua, qui appartenaient à deux maîtres différents, avaient subi exactement le même traitement à quelques jours d'intervalle.

RUSSIE – 12 novembre 2010

La police de Saint-Pétersbourg a reçu un appel à 4 heures du matin, heure locale, d'une femme de 45 ans qui accusait son chat de porter des explosifs. Les policiers se sont rendus sur place. Ils ont fouillé, en sus du chat, l'immeuble et ses environs. Il s'est avéré que c'était une fausse alerte, que le chat était innocent, et la femme a été interpellée, ivre.

INDE – 5 novembre 2010

La sortie du dernier volet des aventures de Harry Potter est prévue en Inde pour le 24 novembre. Cette sortie en salles donne des insomnies et des cheveux blancs à un homme. Cet homme, c'est Jairam Ramesh, ministre de l'Environnement. Responsables de ses angoisses : les enfants indiens fans du jeune sorcier. Depuis que le personnage est une légende, au même titre que les héros les plus populaires de Bollywood, de nombreux enfants indiens veulent l'imiter. On se souvient que Harry Potter ne sort jamais sans sa chouette harfang, Hedwige, qui lui apporte son courrier. Les enfants indiens demandent donc à leurs parents de leur offrir un hibou sauvage comme animal domestique.

Si j'ai utilisé les termes de « chouette » et « hibou » pour désigner le même animal, c'est parce que la traduction de « harfang », nom de l'espèce, fait débat. L'animal est une chouette en Europe et un hibou aux États-Unis.

Revenons aux choses sérieuses : l'engouement des enfants est à même de menacer la survie des rapaces nocturnes. Justement, l'ONG Traffic a sorti un rapport qui doit alerter l'opinion sur le trafic illégal dont l'espèce est victime en Inde. Les hiboux sauvages sont vendus pour être mangés, pour servir de remèdes dans la médecine traditionnelle ou sont utilisés dans des rituels de magie noire. Le trafic risque fort de se développer pour répondre à la demande croissante de mascottes vivantes.

AUSTRALIE – 12 mars 2008

Un éleveur de bétail a été inculpé et jugé pour avoir tiré sur un chien en présence d'enfants.

ESPAGNE – 9 décembre 2010

Victoriano del Rio est éleveur de taureaux et il est fier quand ses bêtes se battent avec vaillance lors de corridas. Dans les arènes de Dax, ils ont été impressionnants. Victoriano décide alors de récupérer les testicules de l'un d'entre eux après sa mort. Avec des paillettes, il pourra prolonger la lignée de cet animal d'exception.

Il récupère donc les testicules à l'abattoir et les met dans de la glace. Le testicule de taureau se conserve peu de temps, c'est notoire. Un vétérinaire l'attend à Madrid pour prélever les paillettes. Victoriano, pressé et excité, roule à 171 km/h. Des gendarmes landais ont le mauvais goût de l'arrêter pour excès de vitesse et lui confisquent son permis de conduire.

Rebondissement : son frère, assis à côté de lui, change de place dans la voiture et se met au volant pour poursuivre leur course contre la montre. Il arrive à Madrid dans les délais et se rue chez le vétérinaire. Finalement, 120 paillettes sont recueillies.

CANADA – 2 décembre 2010

Lorsque des enfants de 9 à 10 ans sont emmenés dans une chocolaterie par leur professeur, ils sont heureux comme tout de découvrir comment leurs friandises préférées sont fabriquées. Afin de poursuivre la série de visites pédagogiques ayant pour thème « D'où vient ce que tu manges à midi », leur professeur, Maxwell Barnes, les emmène visiter un abattoir. Tout de suite, ils n'ont pas fait la même tête. Disparu l'enthousiasme dont ils avaient fait preuve à la chocolaterie : là, ce n'étaient que cris, pleurs et vomissements.

Dan Smith, contremaître de la boucherie, leur a tout montré et expliqué : du processus d'embarcation des animaux sur le quai de chargement jusqu'à la décharge électrique au cerveau qui les tue instantanément. Après leur mort cérébrale, les carcasses sont transportées dans une autre partie de l'usine où elles sont saignées à blanc.

Le contremaître a fait de son mieux pour égayer l'ambiance en leur rappelant que les bêtes devenaient ainsi de succulents hamburgers, mais les enfants restaient terrorisés.

Du coup, Maxwell Barnes fait face à une action disciplinaire : la direction de l'école n'a que très peu apprécié le choix de la visite scolaire. Il se défend en rappelant à ses supérieurs hiérarchiques que la visite de la chocolaterie avait été un succès. « Les enfants sont curieux de savoir d'où leur nourriture provient. » Merci, Maxwell, ils ne risquent pas de l'oublier de sitôt.

SUISSE – 13 janvier 2011

Reconvilier, comme nom de village, c'est paisible, ça sonne comme un mélange entre « réconcilier » et « convivial », on voit des chalets fraîchement repeints qui fleurent bon l'herbe grasse et le chocolat au lait. En dépit des apparences pourtant, le maire de Reconvilier lui-même n'est pas aussi cool qu'on pourrait le penser. Il demande aux propriétaires de chiens de payer un impôt de 50 francs (environ 39 euros). En cas de non-paiement, le chien serait tout bonnement abattu. *Dixit* une loi de 1904 que le maire a ressortie de ses placards pour l'occasion. Les défenseurs des animaux de la ville sont furieux, comme quoi l'abattage d'animaux domestiques pour raisons financières n'est plus d'actualité, et le maire se plaint de recevoir des lettres d'insultes.

ZIMBABWE – 14 juin 2010

Un homme de 73 ans a été retrouvé non loin de son domicile, mort. Il s'était suicidé en se pendant à un arbre.

Quelques jours auparavant, il avait été surpris dans sa cuisine par sa compagne lors de ses ébats charnels avec un poulet. Honteux, il a fui la maison familiale et n'est plus jamais revenu.

MOZAMBIQUE – 8 mai 2009

M. Alifi, fermier, a entendu un bruit étrange devant chez lui. Il est sorti pour voir ce qui se passait, et a eu la surprise de voir le jeune M. Tombe en plein ébat charnel avec l'une des chèvres de son élevage. En lui demandant : « Qu'est-ce que vous faites là ? », M. Alifi a fait sursauter M. Tombe qui en est tombé par terre. L'éleveur a pu le ligoter pour la nuit. Le lendemain, il a demandé conseil aux aînés du village : plutôt que de le livrer à la police, ils lui recommandent plutôt de lui faire payer un dédommagement. Le propriétaire de la chèvre exige alors le paiement de la « lobola » : la dot. En clair, l'homme qui a eu des relations charnelles avec la chèvre doit suivre la coutume et se lier à elle en l'épousant au cours d'une cérémonie de mariage traditionnelle. « Nous lui avons donné la chèvre et, de ce que nous savons, ils sont toujours ensemble. » M. Tombe a donc pu refaire sa vie avec sa chèvre après avoir payé 15 000 dinars soudanais, soit l'équivalent de 40 euros environ.

THAÏLANDE – 27 août 2007

Un jeune homme de 23 ans, Ekkarat Dapngern, a été arrêté dans sa cachette en forêt, à 560 kilomètres au sud de Bangkok. Il est inculpé pour plusieurs viols de femmes et des fermiers ont porté plainte contre lui pour des agressions sexuelles contre des vaches. Dans sa cabane, la police a retrouvé de la colle à sniffer, quelques photos de femmes et des lettres d'amour adressées à « petite sœur, la vache ».

Le juge l'a interrogé sur les motifs qui le poussaient à violer des vaches. Ekkarat aurait répondu que « tous ceux qui l'ont déjà fait savent qu'il n'y a rien d'étrange à cela ».

BULGARIE – 30 septembre 2010

Un âne a été intercepté à la frontière bulgaro-macédonienne, le dos chargé de cigarettes de contrebande qu'il faisait entrer en Bulgarie. C'est à ses fers qu'on a pu s'assurer qu'il provenait de Macédoine. L'utilisation d'animaux non accompagnés est courante. C'est un excellent moyen de procéder à des activités de contrebande : en cas d'arrestation de l'animal, il est impossible de savoir qui sont les acheteurs et les vendeurs – du moment que l'animal n'est pas un perroquet.

IRAK – 2 novembre 2010

***Le Figaro* a révélé un mode opératoire terroriste utilisé en Irak** il y a deux ans déjà mais qui avait été gardé secret jusqu'alors. Le personnel de l'armée américaine avait découvert deux chiens morts dans la zone de fret de l'aéroport de Bagdad. Une autopsie a révélé qu'ils avaient été opérés et que leurs entrailles avaient été truffées d'un puissant explosif relié à un détonateur.

Les deux chiens de rue avaient été placés avant l'embarquement dans des cages spéciales destinées à transporter des animaux. Ils auraient dû exploser en vol mais les terroristes avaient mal recousu les animaux qui sont morts avant le décollage. C'est alors que le personnel les a extraits du lot d'animaux à embarquer et que l'attentat a été déjoué.

ÉTATS-UNIS – 4 novembre 2010

Lors d'un comptage routinier de ses pensionnaires, l'un des membres du personnel du zoo de Kansas City donne l'alerte : un suricate mâle, adulte et châtré, a disparu.

Il s'est avéré qu'il avait été dérobé. Dès le lendemain, le voleur s'en est débarrassé en le déposant devant l'entrée d'une animalerie. Le suricate, terrifié, était tapi dans le fond d'un terrarium recouvert par une serviette.

Son propriétaire d'un jour n'était visiblement que peu renseigné au sujet de l'espèce. On a retrouvé de la nourriture pour chat auprès du suricate, alors que son menu se composerait plutôt de scorpions, de criquets ou de scarabées. La détention d'un suricate sur le territoire américain nécessite un permis spécial. Surtout, le suricate n'est pas ce que la nature a fait de mieux en matière d'animal de compagnie. Pour commencer, ils sentent atrocement mauvais. Les suricates sont des animaux grégaires qui deviennent agressifs si leur mode de vie est bouleversé, et en particulier si on les isole. Leurs dents sont pointues, leurs griffes sont acérées et non rétractables. Leurs morsures, très douloureuses, peuvent s'infecter facilement.

On comprend que le voleur ait voulu s'en défaire. Le choix d'une animalerie, comme nouvelle résidence, est en revanche moins judicieux.

Le directeur du zoo de Kansas City, Randy Wisthoff, explique l'attraction envers les suricates par le succès du film *Le Roi Lion*. Les vols d'animaux dans les zoos sont rares, dit-il, mais le directeur y avait déjà été confronté. C'était un jeune léopard des neiges qui avait été enlevé cette fois, et qui n'a pas été retrouvé.

RUSSIE – 11 novembre 2010

Les détenus d'une prison de la ville de Mendeleyevsk recevaient la visite régulière d'un chat. Ils ont fini, malgré l'interdiction d'avoir un animal domestique en prison, par l'adopter comme leur mascotte. Ils le nourrissaient, jouaient avec lui et en avaient fait le sujet de discussions joviales.

Un jour, l'un des détenus a une brillante idée. Il s'arrange pour faire passer le chat à l'extérieur et qu'il se retrouve entre les mains d'amis, trafiquants de drogue à Mendeleyevsk. Ceux-ci cachent un paquet de 15 grammes d'héroïne dans son collier. Ils gardent le chat en captivité pendant plusieurs jours sans le nourrir.

Enfin libre, le chat, comme prévu, se précipite vers la prison où il sait qu'il trouvera à manger. En revanche, il n'emprunte pas le chemin le plus direct pour retrouver ses maîtres, contrairement à ce qu'ils avaient anticipé. Il pénètre dans la prison par un autre passage et se retrouve au milieu des chiens de garde. Il se fait massacrer.

Le personnel de la prison a retrouvé son cadavre et s'est emparé de la drogue. Il avait été mis au courant de l'astuce grâce à des fuites d'informations. Un procès a été entamé pour trafic de stupéfiants, et il a été confirmé à la presse que l'utilisation d'un animal, s'il n'est pas maltraité, ne constitue pas une circonstance aggravante.

ZIMBABWE – 23 janvier 2011

Pete Evershed, homme d'affaires zimbabwéen de 59 ans, passait des vacances avec sa femme et deux amis dans un parc national du pays, le parc Mana Pools, au plus près de la vie sauvage.

Après une bonne journée de pêche, les quatre vacanciers installent leur campement près d'une rivière. Les compagnons de Pete se sont déjà lavés lorsque le soir tombe. Ils ont utilisé des douches publiques à l'air libre, disponibles à 40 mètres de leurs tentes.

« Dépêche-toi d'aller te laver, mon amour, il fait déjà sombre. » L'épouse de Pete est inquiète. Quand elle l'entend crier, elle et ses amis sautent dans leur voiture et roulent à toute vitesse vers les douches. Pete avait été attaqué pendant sa toilette et déchiqueté par 5 lions.

La veuve de M. Evershed a défendu que les lions responsables de la mort de son mari soient tués. Ce geste est un hommage à Pete, qui aimait passionnément la nature et les animaux.

ROYAUME-UNI – 29 juillet 2010

Mary Beth Parkinson rentrait à son domicile et actionnait l'ouverture de sa porte de garage électrique quand elle vit un ours prendre la fuite. Il était entré chez elle, dans sa maison du New Hampshire, s'était désaltéré dans l'aquarium familial, avait mangé quelques grappes de raisin et deux poires. Sur le chemin du retour, il a attrapé dans sa gueule un ourson en peluche pour l'emporter. La propriétaire est arrivée juste à temps pour sauver ses poissons.

ISRAËL – 17 mai 2007

Rostislev Pogoslevski, 18 ans, est soupçonné d'avoir assassiné deux personnes et tenté d'en tuer une troisième. Le suspect aurait également tué, puis mangé plus de 500 chats.

DANEMARK – 26 mars 2010

La journaliste de la télévision publique danoise DR, Lisbeth Koelster, anime l'émission de défense des consommateurs « Kontant ». En novembre 2004, elle avait voulu démontrer à l'antenne les méfaits d'un shampooing antipelliculaire. Pour prouver à quel point il était toxique et dangereux pour la santé, elle avait versé un échantillon de ce shampooing dans un aquarium contenant 13 poissons. Douze d'entre eux sont morts dans les trois jours. Les consommateurs ont donc eu la preuve formelle de la dangerosité de ce shampooing qui contient un agent fongicide et bactéricide contre les pellicules.

Loin de remercier la journaliste pour cette mise en garde, un vétérinaire (sûrement chauve et jaloux) a porté plainte contre elle pour avoir fait subir des souffrances inutiles aux poissons et pour violation des lois sur la protection et sur l'expérimentation des animaux.

En mai 2009, la journaliste était reconnue coupable par le tribunal de première instance de Glostrup (ouest de

Copenhague). Toutefois, le juge n'avait pas prononcé de sanction estimant que s'était écoulé « un délai déraisonnablement long » entre la plainte et le procès.

Lisbeth Koelster a fait appel pour être acquittée. Les juges de la cour d'appel de Copenhague l'ont suivie, ils ont estimé que le test pratiqué « ne relevait pas de la Convention du Conseil de l'Europe sur la protection des animaux soumis à des expériences de laboratoire ». De plus il « n'était pas suffisamment prouvé que Mme Koelster avait occasionné angoisse et souffrances chez les poissons », comme le plaignant l'affirmait.

La journaliste s'est déclarée « très heureuse par ce jugement très clair » qui la « disculpe sur tous les points de l'accusation ». « C'est une grande victoire pour la liberté de travail des journalistes. Je n'ai pas été un bourreau de poissons et je n'ai pas violé les règles de protection des animaux, comme le souligne le jugement », a-t-elle dit à l'AFP.

AFRIQUE DU SUD – 18 mars 2006

Un homme a comparu devant le tribunal de George. Il est inculpé pour possession et transport de crocodiles sans permis. En effet, on a retrouvé 1 067 bébés crocodiles dans son véhicule. Leur provenance n'a pas été déterminée, ni l'endroit où ils devaient être vendus.

ÉTATS-UNIS – 17 octobre 2010

Certains refuges d'animaux de Palm Beach, en Floride, ont interdit l'adoption de chats noirs à certaines dates clés : lors des quelques jours précédant la fête d'Halloween et les vendredis 13.

Il est déjà arrivé que, dans ces circonstances, les chats noirs soient brutalisés par des sadiques. D'autres clients s'en servent comme décoration avant de les rendre au refuge.

FRANCE – juin 2008

Un instituteur provençal prenait le TGV avec des escargots dans un bocal qu'il voulait montrer à sa classe. Bucolique et charmant tableau. La contrôleuse qui passait par là ne s'est pourtant nullement laissée attendrir. Le règlement de la SNCF est formel : les voyageurs accompagnés d'un animal pesant moins de 6 kilos doivent payer un supplément de 5,10 euros.

L'instituteur les a payés, mais vu le pataquès que ça a fait dans les médias locaux, la contrôleuse a décidé de les lui rembourser.

Morale de l'histoire : pour voyager en gardant vos ronds, restez discrets sur vos morpions.

NIGER – 23 janvier 2009

Un groupe de citoyens modèles a remis aux autorités nigériennes un homme soupçonné d'avoir volé des voitures. Or cet homme, pour échapper à la police, s'est transformé en chèvre. C'est donc à cet animal qu'on a passé les menottes.

L'arrestation a hérissé le poil des réformistes parmi les forces de police du pays, qui se lamentent du manque d'éducation de certains officiers. Le porte-parole de la police, Emmanuel Ojukwu, a la sagesse d'admettre qu'il est « bien entendu que les chèvres ne peuvent commettre un crime ».

GAZA – 22 octobre 2009

Le Zoo de la joie, en périphérie de la ville de Gaza, est une distraction de choix dans un territoire surpeuplé où les loisirs sont rares. Mahmoud Barghout, le directeur de Marahland (Joie-land), explique que ses deux zèbres sont de fabrication locale : « Nous prenons un âne et nous lui dessinons des rayures. » L'opération prend deux jours. Pour réaliser ce tour de passe-passe, on prend du ruban adhésif et de la teinture pour cheveux en provenance de France (la meilleure).

Les deux ânes imposteurs fixent les visiteurs d'un œil triste. Ils vivent dans une cage minuscule et envahie de mouches.

Depuis que le Hamas a pris le pouvoir dans la bande de Gaza, en 2007, l'enclave palestinienne est soumise à un blocus. Le lion et les deux autruches que compte le zoo ont été amenés par les tunnels quand ils étaient petits, mais le coût d'un zèbre de contrebande est prohibitif : le zoo aurait dû débourser l'équivalent de 20 000 euros. Alors qu'il est si facile de se procurer un âne, les rues de Gaza en sont pleines. D'après le journaliste présent sur le terrain, il semblerait que tous les enfants ne soient pas dupes. Nous espérons que, du moins, ce gag les amuse.

VIOLENCES EXTRÊMES

Attention, cette fois-ci, c'est du sérieux, du très solide. Et vous ne pourrez pas vous rassurer en vous disant que ce ne sont que des effets spéciaux à base de ketchup et de viande d'abattoir. Ces histoires sont tout aussi réelles, sinon plus, que les autres.

Ligotez et enfermez vos enfants à la cave, crevez les yeux de votre chien : les récits qui suivent ne doivent pas être lus par la première âme sensible qui traîne.

CHENGDU – 27 mai 2009

« Ça fait combien de temps qu'il bloque la circulation, celui-là, avec son cirque ? Cinq heures au moins, eh oui, je viens de vérifier, ça fait bien cinq heures ! Comme si j'avais que ça à faire, comme si je n'étais pas attendu chez moi. Dire que j'ai emprunté un DVD à un collègue et que je dois à tout prix le lui rendre demain. Et les autres, ça les amuse de rester dans leur voiture toute la soirée ? Ils n'ont pas de femme ou quoi ? Ça ne les gêne pas de rester là ? Alors c'est sûr, c'est toujours pareil, entre ceux qui en profitent pour draguer et les autres que ça amuse et qui prennent des photos... Tiens, en voilà même qui ont lancé les paris. Bon, il me tanne sérieusement ce guignol, j'y vais. »

« Chengdu, 27 mai 2009 : un homme qui menaçait de se suicider a été poussé du haut d'un pont par un automobiliste excédé. »

ÉTATS-UNIS – 10 janvier 2011

Hans Greihs, 36 ans, qui vit en Floride, porte plainte contre sa municipalité et demande une compensation monétaire. Il s'estime « floué et déshonoré ».

Le 5 janvier, tard dans la nuit, Hans est entré dans le cimetière St John's. Tel un personnage de roman gothique, il avait un rendez-vous galant avec une morte. Pour dire les choses plus crûment, il avait prévu de violer le cadavre d'une jeune femme de 20 ans enterrée la veille, l'étudiante Elisabeth Conway.

Hans, tout excité en ouvrant le cercueil d'Elisabeth, a une vision qui lui coupe ses moyens. Il découvre, au lieu d'une belle morte encore fraîche et désirable, les restes d'un vieil homme ingrat. Une erreur administrative s'était glissée par là, le fossoyeur a confondu les caveaux de deux personnes décédées le même jour. En lieu et place de la jeune Elisabeth figurait le vieux banquier Greg Smith, peu avantagé par la nature déjà de son vivant, et que la mort n'avait pas rendu plus beau.

Déçu, Hans Greihs porte plainte en racontant sa mésaventure. Il a été jugé et incarcéré.

FRANCE – 19 octobre 2010

Un homme de 43 ans qui vivait avec sa femme et ses trois enfants se croyait atteint d'une leucémie incurable. Désespéré à l'idée que son adorée puisse lui survivre et même aimer un autre homme après lui, il tue sa femme en se promettant de se suicider juste après.

Alors que sa femme est endormie dans le lit conjugal, il la poignarde à trois reprises puis sort de la maison en courant pour aller se jeter dans la Seine, près d'Antony. Il regarde l'eau. Elle a l'air froide. « Je me suiciderai cet été », se jure-t-il à lui-même, en crachant même par terre. Il rentre chez lui se réchauffer avec un café au lait et un plaid. À son domicile, la police l'attendait, alertée par le fils aîné.

La femme est décédée deux jours après les faits. Des examens médicaux effectués sur le meurtrier lui ont appris qu'il n'était pas atteint de leucémie et que son état de santé était bon.

FRANCE – 6 novembre 2010

Un homme en état d'ébriété avancée faisait lui-même la circulation dans les rues de Wimereux, sur la côte d'Opale. Lassé de ce jeu, il s'est mis à courir après un groupe d'enfants, une tronçonneuse à la main.

CROATIE – 16 novembre 2009

Un jeune homme de 22 ans, Dino Babic, a un terrible, lourd et indicible secret : il se masturbe. Tout comme 99 % des hommes de cette planète, si ce n'est plus.

Lorsque sa mère entre dans sa chambre sans frapper et le surprend en train de s'adonner au plaisir solitaire, Dino devient fou. Pour pimenter la chose, il tirait sur une écharpe qu'il avait nouée autour de son cou.

Le jeune homme a assommé sa mère avec une statuette puis l'a étranglée jusqu'à ce qu'elle meure.

FRANCE – 9 décembre 2010

« Saint-Martin-d'Ablois : Le meurtre d'une coiffeuse a été maquillé », *L'Union* (9 décembre 2010).

PHILIPPINES – 5 janvier 2010

Un Philippin passait le réveillon du jour de l'an dehors, en famille. Alors qu'il prenait une photo de sa femme, ses fils et ses beaux-parents, il a été tué d'une balle dans la poitrine. Le tueur a surgi de derrière un arbre, et le photographe a saisi l'image de son visage et l'arme qu'il pointait vers lui à l'instant qui a précédé le coup de feu.

La victime, Reynaldo Dagsa, était conseiller municipal à Caloocan, au nord de Manille. Son meurtrier voulait se venger de lui car il l'avait fait arrêter l'année précédente pour un vol de voiture. Grâce à la photo, le suspect a pu être identifié. Il venait de sortir de prison.

FRANCE – 23 février 2010

Maquiller un meurtre en suicide est plutôt banal : on dépose l'arme près du corps, on place le doigt du cadavre sur la gâchette. Éventuellement, pour plus de sécurité, on peut aussi nouer une corde autour du cou, dont on fixera l'autre extrémité à un tuyau situé en hauteur, et on ouvrira le gaz. Puis on place le cadavre dans sa voiture qu'on balance à l'eau, et le tour est joué.

L'inverse s'est vu : un homme de 69 ans a tenté de faire passer son propre suicide pour un meurtre. Avant de se tirer une balle dans la tête, il a écrit une lettre qu'il a laissée en évidence sur son bureau. Pas une lettre d'adieu : une vraie lettre, censée être postée, où il disait se méfier de son associé. « Un jour, il me tuera, c'est sûr », peut-on lire.

Bel exemple de vengeance *post mortem*. L'associé a reconnu pendant l'enquête que les deux hommes étaient opposés dans un différend d'ordre financier. Mais pas au point d'en arriver au meurtre. De toute façon, l'associé est tranquille, il a tout de suite été innocenté : l'enquête médico-légale a montré que la victime avait reçu une balle d'un fusil de chasse placé sous son menton, à la verticale. Position plutôt acrobatique pour un assassin. Aucune trace de lutte ni aucun désordre n'a été relevé dans l'appartement. Sa femme a de plus révélé aux enquêteurs que son époux venait d'apprendre qu'il souffrait d'une maladie grave et incurable et qu'il refusait de se soigner.

SÉNÉGAL – 14 janvier 2011

Le carreleur Omar Sène, la trentaine, a été condamné à dix ans de prison ferme par le tribunal correctionnel de Ziguinchor.

Il a été reconnu coupable d'avoir violé une fillette de 5 ans. Pendant son jugement, il s'est défendu à la barre en affirmant que c'était la petite fille qui l'avait allumé.

« Je reconnais les faits qui me sont reprochés. J'étais couché sur le lit d'un de mes amis lorsque la victime, la petite M.D.F (née le 25 mars 2006), m'a rejoint. Elle s'est déshabillée et m'a demandé de coucher avec elle. Après avoir refusé dans un premier temps, j'ai fini par céder à ses avances. »

Une déclaration qui a mis le procureur hors de lui : il a ainsi requis le maximum de la peine prévue par la loi, à savoir dix ans ferme.

ÉTATS-UNIS – 21 septembre 2010

Un condamné de 31 ans qui devait être exécuté en Géorgie (sud-est des États-Unis) a obtenu un sursis de trois jours avant de recevoir une injection mortelle. Motif du différé ? Le condamné avait tenté de se suicider dans sa cellule au matin de son exécution. Allez, mon vieux, encore trois jours de plus pour te prouver que la vie, c'est chouette.

INDONÉSIE – 7 avril 2009

Verry Idham Henyansyah est incarcéré pour avoir commis 11 meurtres, dont celui d'un très jeune enfant et de sa mère. La plupart de ses autres victimes sont d'anciens petits amis de cet ancien mannequin. Il affirme avoir tué d'autres hommes, mais pour l'instant la police s'occupe de déterrer les corps des 11 premiers.

Pendant ce temps, le *serial killer* chante en audience : il s'est trouvé un nom de scène, Ryan, et sa popularité va croissant. Il a écrit une autobiographie qui s'est vendue comme des petits pains. Bref, ce tueur en série est une star dans son pays. Il a annoncé la sortie d'un CD qui promet d'être en tête des ventes. La foule de ses admirateurs, et surtout admiratrices, ne vit que pour le jour où elle pourra le voir sur scène. Mais Verry Idham Henyansyah risque de décevoir son public : il est très probable qu'il soit condamné à mort et exécuté rapidement.

ALLEMAGNE – 11 août 2009

La cour d'assises de Munich a condamné un ancien officier nazi jugé responsable du massacre de 14 civils, le 26 juin 1944 à Falzano di Cortona. Le président de la cour, Manfred Götzl, a cru nécessaire de préciser que ce massacre avait été commis en représailles à une attaque de partisans.

Nom de l'accusé : Josef Scheungraber. Pour s'appeler « Scheun », Josef n'est ni *« schön »* (beau) ni *« scheu »* (timide). La deuxième moitié de son nom, en revanche, lui sied bien : « *Grabe* », en allemand, c'est une tombe.

L'ancien nazi, âgé de 90 ans quand il a été jugé, semblait en bonne santé pendant le procès. Il portait la traditionnelle veste de cuir bavaroise, avec les bretelles pour tenir la *Lederhose*. Il ne manquait plus que le petit couvre-chef avec la touffe de poils de blaireau.

À l'écoute du jugement, Scheungraber est resté impassible mais son avocat, qui répond au doux nom de Goebl, a tourné de l'œil.

INDONÉSIE – 18 novembre 2010

Trois suspects ont été arrêtés par la police indonésienne après de violents affrontements entre deux tribus mélanésiennes. L'effusion de flèches empoisonnées et de coups de machette trouve son origine dans une sonnerie de portable mal à propos.

Des centaines de Wamena se sont déchaînés contre les membres de la tribu yoka, dans le chef-lieu papou de Jayapura. Ils avaient ouï dire que les Yoka s'amusaient à diffuser une sonnerie composée par l'un des leurs, qui proférait sur un *beat* de reggae des insultes à l'encontre des Wamena.

Vingt-trois maisons ont été réduites en cendres, 56 autres ont été pillées et 12 véhicules ont été enflammés. Malgré tout ce ramdam, personne n'a été blessé.

ÉTATS-UNIS – 14 octobre 2010

Robert Mayley (25 ans), de Phoenix (Arizona), était la banque de sang humaine ambulante de ses colocataires. Homer Williamson (24 ans) et sa femme Amanda (21 ans) étaient férus de paganisme et vampirisme, et leur ami leur fournissait quelques hémoglobines fraîches de temps à autre.

Un jour, Robert en a eu assez que ces deux excentriques lui sucent le sang. Il les a charriés sur leur mode de vie peu banal. Fou de rage et d'humiliation, Homer saisit un couteau et poignarde la poule aux œufs rouges. Amanda et lui se tapent une bonne biture mais Robert arrive à leur échapper et à appeler les pompiers chez un voisin. La police a ensuite arrêté les deux morfals.

ÉTATS-UNIS – 30 mai 1975

Les pères divorcés voient leurs enfants rarement, et quand ils les voient, ils se plient à tous leurs désirs, dit-on. Un tribunal texan a jugé l'un d'entre eux. Il avait un droit de visite bimensuel seulement auprès de son fils de 13 ans.

C'est peu, mais c'est suffisant pour le tuer à petit feu en cachant une source radioactive de 1 Ci de césium 137 dans son oreiller.

Cette affaire est unique dans les annales policières de l'État du Texas. Deux scientifiques du ministère de la Santé de cet État des États-Unis ont expliqué les effets de l'irradiation subie par la jeune victime lors d'un congrès de radioprotection à Paris.

Les effets sont sérieux : des brûlures des tissus ont nécessité diverses greffes et des interventions de chirurgie réparatrice. Le jeune homme est en outre définitivement stérile car ses testicules sont entièrement détruits.

L'enquête a montré que ce geste criminel traduisait un désir de vengeance envers la famille reconstituée de la mère du garçon, son ex-femme.

Les experts Edgar Bailey et Martin Wukasch s'interrogent : « Réussirait-on à déterminer la cause du décès si un meurtre était commis par l'application soudaine d'une très forte dose de rayonnement, suffisante pour tuer la victime avant que des symptômes cutanés aient eu le temps de se développer ? »

Ce serait un nouveau genre de crime parfait.

Le criminel de l'affaire qui s'est déroulée au Texas, justement, travaillait comme géologue. Il avait donc pu se procurer les sources de césium le plus légalement du monde, en prétextant une prospection de minerai.

FRANCE – mai 1979

Plus tard, une affaire similaire s'est déroulée en France. C'était à La Hague, en mai 1979. Noël Lecomte, employé à l'atelier de dégainage des combustibles irradiés de l'usine de La Hague, venait d'avouer la première tentative de meurtre radioactif en France.

En juin 1978, ce criminel d'avant-garde subtilise trois « queusots », à savoir les bouchons en inox des tubes qui contiennent l'uranium des combustibles. Emballés, ils sont déposés sous le siège de l'automobile de son supérieur hiérarchique, Guy Busin. Radioactifs par activation, ces trois bouchons allaient, des mois durant et à son insu, infliger à leur victime la dose assez considérable de 10 rads à l'heure dès qu'il conduisait sa voiture.

C'est un accident de la circulation qui a sauvé Guy Busin. Le véhicule est hors d'usage et se retrouve dans une décharge. Tout de suite, curieusement, Guy se sent mieux. Il souffrait de fatigue généralisée sans comprendre pourquoi. Quelques mois plus tard, il essaie de récupérer quelques pièces sur l'épave, histoire de faire quelques économies avec des pièces de rechange gratuites pour sa nouvelle voiture. C'est là qu'il découvre le colis qui devait l'empoisonner. Quand il pense qu'il se mettait hors de lui pour un peu de sucre dans son réservoir...

Noël Lecomte a été arrêté et inculpé pour « tentative d'empoisonnement ».

ÉTATS-UNIS – 10 octobre 2010

Martha Walker (41 ans), condamnée à la prison à perpétuité, était détenue sans possibilité de libération pour avoir tué sa propre mère avec une hache en 2007.

Son séjour en prison n'a pas calmé ses ardeurs mortifères. Elle a tenté d'acheter les services d'un tueur à gages afin d'éliminer son mari et ainsi bénéficier de son assurance-vie. C'est son codétenu qui l'a dénoncée avant qu'elle mette son plan en exécution.

Les policiers ont alors tendu un piège à Martha Walker : un agent double s'est présenté comme un tueur à gages. La prisonnière croyait avoir réglé cette affaire pour la modique somme de 2500 dollars. C'était la sœur de Martha qui devait apporter l'argent au tueur.

La criminelle fait désormais face à deux chefs d'accusation pour son meurtre au premier degré et sa conspiration de meurtre. La peine de mort immédiate a été requise contre elle, et elle ne sera jamais réhabilitée.

ÉTATS-UNIS – 9 février 2010

Un soldat de l'armée américaine utilisait la torture par l'eau contre sa fille de 4 ans pour lui faire enfin réciter l'alphabet correctement. Technique choisie judicieusement : l'enfant était justement aquaphobe.

Joshua Tabor, un GI de 27 ans œuvrant à la base de Lewis-McChord, à Washington, a été arrêté et a reconnu les faits. La police avait retrouvé l'enfant enfermée dans la salle de bains, le dos parsemé d'ecchymoses et le cou zébré de griffures. C'est le voisinage qui a tout d'abord porté plainte contre Tabor en le surprenant qui marchait, ivre, dans la rue, avec un casque de l'armée et en menaçant de briser des fenêtres.

Le militaire a avoué avoir torturé sa fille trois à quatre fois et que sa copine l'y avait aidé. Elle, en revanche, n'a pas été arrêtée. Pour ce faire, le couple tenait l'enfant la tête sous l'évier.

LIGOTEZ VOTRE VICTIME À UNE PLANCHE

Renversez-la sous le jet d'eau de telle façon que sa tête soit placée plus bas que les pieds.

Couvrez la tête de la victime avec un tissu.

Versez de l'eau sur la tête, le temps que vous jugerez nécessaire.

Votre victime sentira que sa respiration est fortement entravée et ressentira l'angoisse aiguë d'une mort prochaine.

Rassurez-vous : la mort par noyade ne peut pas se produire, du moment que les poumons sont placés plus haut que la bouche.

ÉTATS-UNIS – 10 décembre 2010

La blonde et splendide Kumari Fulbright, ancienne reine de beauté et étudiante en droit, a tout de la femme idéale. Petit détail qui noircit le tableau : sa condamnation pour avoir séquestré et torturé son ancien petit ami pendant dix heures, deux ans auparavant. Une banale histoire de dette envers un dealer et de bijou volé.

La presse locale et les chaînes de télévision se sont repues de ce fait divers, non pour l'histoire en tant que telle, mais parce qu'il était jouissif de montrer côte à côte les deux photos de la magnifique jeune femme avant, triomphante en bikini, et après, le cheveu hirsute, l'air hagard et le visage déformé par l'angoisse.

ÉTATS-UNIS – 15 décembre 2009

Javier Gonzalez et Ruby Lee Medina, un couple de Texans, ont tenté de se débarrasser de leur fœtus de 7 mois. Il était déjà trop grand pour passer par les canalisations des toilettes. Ils ont donc décidé de placer l'avorton sous un arbre de Noël, dans le hall d'une résidence, après l'avoir emballé dans un paquet cadeau.

La ruse a été découverte grâce à un appel anonyme. Javier et Ruby ont immédiatement été arrêtés pour abus sur un corps humain et falsification de preuves.

ÉTATS-UNIS – 5 mars 2009

Un client de la chaîne Wal-Mart à Falmouth, au Massachusetts, peut se réjouir d'en avoir eu pour son argent. Une fois hors du magasin, il ouvre le porte-monnaie tout neuf qu'il vient de s'offrir. Dans l'un des compartiments, il trouve 10 dents humaines.

Il retourne au magasin, répugné, pose le porte-monnaie à une caisse et repart sans rien dire.

MALAWI – 30 décembre 2010

Pilirani Lazaro hurlait de douleur en se coupant les parties intimes. Non qu'il soit masochiste, il voulait les vendre à l'hôpital du coin. Ce commerce des parties génitales a pris une importance considérable au Malawi. Malheureusement, « les organes génitaux de l'homme ne peuvent pas être rattachés ». Les vendeurs sont prévenus.

Le commerce de pénis est très lucratif. Un homme vient d'ailleurs de se faire attaquer par quatre femmes qui voulaient lui arracher le sexe pour le vendre à un très bon prix. Des charlatans vendent les sexes masculins à l'étranger où ils sont considérés comme des aphrodisiaques.

BELGIQUE – 10 décembre 2010

Un homme fait tranquillement l'amour avec sa petite amie, dans son appartement du centre de Liège, puis il va faire un tour à la salle de bains, se prépare un sandwich à la cuisine, revient vers le lit… et s'aperçoit que sa partenaire est morte. C'est en plein milieu de leurs ébats (enfin, des ébats du monsieur plutôt), qu'elle a tenté cette position qui n'existe pas dans le Kama-sutra : passer l'arme à gauche.

Une autopsie a mis en évidence une overdose par méthadone. Le prévenu devait répondre de non-assistance à personne en danger car il était suspecté d'avoir assisté à la mort lente de la victime et d'avoir continué ses activités au lieu d'appeler les secours.

Selon les dires du monsieur, qui connaît son amie mieux que les juges, il n'était pas du tout inhabituel qu'elle reste parfaitement immobile pendant toute la séance. Son corps était encore chaud et souple et elle ne manifestait aucun signe extérieur visible de décès.

Le tribunal a retenu dans son jugement que le prévenu a effectivement pu croire que sa compagne dormait lors de cette scène et l'a acquitté des faits de non-assistance.

ROYAUME-UNI – 14 décembre 2010

Un Britannique a été condamné à une peine de prison à perpétuité pour avoir poignardé un cuisinier français à la sortie d'un concert classique.

MEXIQUE – 24 novembre 2010

On se souvient de l'histoire des 20 touristes mexicains disparus à Acapulco. Le corps de 18 d'entre eux avait été retrouvé dans une fosse clandestine début novembre. Un suspect a été arrêté à Mexico. Il a reconnu être l'auteur de ce massacre, commis « par erreur », selon ses dires.

Carlos Montemayor, 38 ans, est le beau-père du « capo » de nationalité américaine Edgar Valdez, qu'on appelle « la Barbie ». Si son gendre est la Barbie, Carlos est donc le père de Ken. Quand on voit l'air brillant d'intelligence du fils, on comprend mieux la grosse boulette du paternel.

FRANCE – 26 novembre 2010

Les corps de deux inconnus ont été découverts dans un champ, emballés dans des tapis orientaux. Chaque corps avait son tapis, pas de mauvais esprit s'il vous plaît. Ils étaient habillés mais ne portaient pas de chaussures.

Quand on prie, non seulement on se fait tirer dessus, mais en plus on vous pique vos chaussures.

Dans chaque tapis a été retrouvée une douille de calibre 7,65 percutée. Faux indice : les corps ne présentent aucune marque visible d'impact. La police scientifique dit ignorer les causes du décès, ainsi que l'identité et l'origine des deux hommes. On sait seulement qu'ils sont âgés d'environ 40 et 60 ans et qu'ils mesurent chacun entre 1,70 mètre et 1,75 mètre.

AUSTRALIE – 24 avril 2009

La police australienne a publié une image passée aux rayons X d'un crime atroce et spectaculaire.

Un homme âgé de 27 ans, Chen Liu, a été retrouvé mort avec 30 clous enfoncés dans la tête. Certains étaient longs de 88 millimètres. Ils avaient été tirés par un fusil chargé au gaz.

Son corps a été découvert dans la rivière Georges, près de Sydney, par deux enfants qui faisaient du canoë avec leur classe.

INDE – 18 octobre 2010

Un homme de 32 ans a trouvé un recours pour que ses créditeurs le laissent tranquille. « Si j'arrive à les émouvoir en suscitant leur pitié, ils oublieront certainement que je leur dois 5 millions de roupies », se dit-il.

Quelques jours plus tard, il leur passe un coup de fil, en larmes : son fils a été enlevé par des ravisseurs contre rançon, et comme il ne pouvait pas la payer, l'enfant a été tué. Le père aurait aussi bien pu mentir comme tout le monde, mais il a trouvé plus honnête de tuer son fils réellement.

AUSTRALIE – 11 octobre 2010

Deux jumelles de 29 ans ont été découvertes inanimées dans un club de tir. Elles avaient prévu de se suicider en se tirant réciproquement une balle dans la tête. L'une d'entre elles a survécu et a pu expliquer le massacre.

AFRIQUE DU SUD – 25 mai 2004

Avant de se marier, John Jarvis a fait signer un contrat à sa fiancée, Patricia, qui l'engageait à ne pas fumer plus de 6 cigarettes par jour.

Il la surveillait depuis quelque temps, lorsqu'un jour il l'a surprise en flagrant délit de s'en griller une septième. John lui donne un coup de couteau dans le cœur et fait subir le même traitement à leurs deux fils de 8 et 11 ans. Il tente de s'extraire lui-même le cœur de la poitrine, mais ce genre d'entreprise est plutôt difficile et il n'y parvient pas.

Alors qu'il était en pleine séance d'« autocharcutage », entouré des trois cadavres, sa fille de 13 ans est entrée dans la maison. Elle a immédiatement appelé les forces de l'ordre.

ÉTATS-UNIS – 26 octobre 2006

Le journal *Fond du lac reporter* (en français dans le texte), célèbre dans le Wisconsin, **rapporte qu'un homme a été accusé d'avoir emmené ses deux enfants en bas âge à une soirée sadomasochiste**, faute d'avoir pu leur trouver une baby-sitter.

L'enquête a débuté avec la plainte d'une femme qui a apporté à la police une cassette vidéo suspecte qu'elle avait trouvée à son domicile.

On y voit son ex-compagnon s'adonner à des pratiques sexuelles dans une chambre à connotation SM, le fouet en prime. Il y est en compagnie de trois dames et d'un autre monsieur.

Jusque-là, rien de très grave, l'affaire ne concerne que la sphère privée et conjugale. Sur un autre plan de la vidéo pourtant, on aperçoit les deux jeunes enfants du couple, âgés de 2 ans à peine. La police précise que les enfants ne participent pas à ces ébats, ils ont l'air plutôt tétanisés et personne ne leur prête attention. Leur père tenait simplement à les emmener avec lui pour pouvoir les surveiller du coin de l'œil tout en s'adonnant à ses activités.

ÉTATS-UNIS – 21 octobre 2010

En Californie, une dame de 57 ans rencontre une sans-abri. Les deux femmes sympathisent, et la première propose à la seconde de rester dormir dans son véhicule pour la nuit. Le lendemain matin, la sans-abri est morte.

Prise de panique à l'idée de se faire arrêter pour une quelconque implication dans ce décès dont elle ne connaît même pas la cause, la quinquagénaire décide de se taire et de cacher le cadavre dans le coffre du véhicule.

La propriétaire du véhicule a gardé le corps dans sa voiture pendant plus de dix mois. Chaque jour elle dispersait un peu de bicarbonate de soude sur la chair en décomposition. C'est une erreur de stationnement de sa part qui est à l'origine de la découverte du corps. Le véhicule bloquait la circulation et des policiers ont entrepris de déplacer la voiture. En ouvrant le coffre pour l'inspecter, ils se sont retrouvés face à un cadavre complètement momifié.

ANGOLA – 20 juillet 2006

Un homme a été arrêté par la police de Luanda, la capitale angolaise, pour avoir tué son neveu de 14 mois puis mangé l'une de ses jambes.

Joaquim Manuel Lima a reconnu son crime. Il s'est défendu en disant qu'il avait agi sur les recommandations d'une femme féticheur. Manger la jambe de son neveu était selon ses dires un excellent moyen de devenir riche.

Les crimes de ce genre arrivent relativement souvent en Angola, particulièrement entre les membres d'une même famille.

ÉTATS-UNIS – 25 mars 2005

Une jeune femme déjeunait dans un fast-food au sud de San Francisco. Elle sent quelque chose d'inhabituel sous sa dent, et ressort de sa bouche un doigt humain cuit avec un bout d'ongle. Elle vomit immédiatement.

Le personnel du restaurant a placé le doigt dans de la glace pour le conserver puis la police l'a emporté pour l'analyser. Il a été facile de prélever l'empreinte digitale du suspect. Le restaurant a fermé brièvement pour les besoins de l'enquête. Celle-ci s'est révélée infructueuse : « Nous n'avons aucune idée pour le moment sur l'identité du propriétaire du doigt », dit le commissaire.

Le fast-food est resté fermé quelques heures, le temps d'analyser les ingrédients livrés au restaurant et d'inspecter les cuisines. Les services de santé de la ville ont jugé improbable que le doigt présente un risque sanitaire à la cliente qui l'a mâché ni aux clients ayant mangé le même plat, du fait de la température de cuisson élevée.

ROYAUME-UNI – 28 juin 2004

Daniel O'Dee, pas mal imbibé d'alcool, passe une annonce fantaisiste sur eBay : « Je vends mon corps », écrit-il tout simplement. L'équipe d'eBay en Grande-Bretagne retire cette annonce rapidement, mais Daniel avait déjà trouvé un client.

Sous couvert du pseudonyme de « Donnie, le cannibale de Hanovre », un ou une inconnu(e) lui en offre 2000 livres, en réclamant « un corps frais ». En plus d'être choqué par la proposition, Daniel en apprend une bonne : Donnie lui explique qu'un groupe d'utilisateurs d'eBay s'est constitué pour se cotiser et acheter des cadavres en commun.

Daniel répond à Donnie qu'il était soûl et que c'était une blague. Le cannibale n'a pas bien compris le sens de son message, il répond :

« Je suis déçu de constater que c'est votre corps que vous vendez car j'ai besoin d'un cadavre le plus rapidement possible. Si vous avez la possibilité de me fournir un autre cadavre frais, je suis très intéressé. Je vous en donnerai un bon prix. »

Daniel ne répond pas à cet e-mail. En toute logique, il a donc reçu une menace de mort.

TANZANIE – 15 février 2005

Un homme âgé de 55 ans a été arrêté en possession d'un doigt. Ou plutôt, devrais-je dire, de 11 doigts, dont un qui ne lui appartenait pas.

L'hypothèse la plus vraisemblable, selon la police, est que Tauson Jombo utilisait ce doigt à des fins mystiques, comme un gri-gri. Les habitants du sud de la Tanzanie se servent de certains organes humains comme d'une protection magique lorsqu'ils commettent certains crimes et délits (pas forcément cocasses). Le braconnage dans les réserves nationales de chasse en fait partie. Les 32 munitions et les 4 fusils artisanaux saisis durant la perquisition pointent (du doigt) dans le même sens.

Il y a quatre ans, des personnes arrêtées en possession de peaux humaines avaient défrayé la chronique nationale et internationale. Ces peaux seraient destinées à la vente au Malawi et en Zambie voisins où les chamans les utilisent pour concocter des potions magiques. Leur prix est très élevé, d'où l'expression : « Ça coûte la peau du... »

CANADA – 20 septembre 2009

Le meurtre insensé d'un adolescent de 15 ans, dans la municipalité rurale d'East St. Paul, près de Winnipeg, n'était pas un acte gratuit, comme la police l'a d'abord pensé. Quand la cour de justice a appris l'incident qui a causé sa mort violente, l'histoire est apparue sous un jour nouveau, et encore plus folle qu'elle n'avait semblé de prime abord.

Un jeune homme de 17 ans a plaidé coupable et a expliqué son geste. Il s'était mis en colère contre son ami après que celui-ci eut accidentellement endommagé le plancher de bois franc dans la maison de ses parents.

La victime et un autre adolescent se trouvaient dans la maison de l'accusé lorsqu'ils se sont mis à se chamailler avec le petit frère de leur ami. Selon le procureur de La Couronne, Dan Angus, la victime, a poussé le plus jeune, ce qui a fait tomber une chaise et écorché le plancher de bois franc. L'accusé était alors absent du domicile. Quand il apprit que son plancher avait été abîmé, il a appelé ses amis pour qu'ils reviennent chez lui. Les trois adolescents étaient assis dans le garage et l'attendaient, lorsque l'accusé est arrivé. Il a sorti un couteau et, sans provocation ni menace, il a poignardé son ami dans la partie supérieure du torse.

ÉTATS-UNIS – 15 novembre 2010

Une jeune Américaine de 19 ans, qui vivait dans le Nebraska, s'est disputée violemment avec son compagnon Ronald Miner qui lui avait abîmé sa voiture. Tressa Amerson a voulu lui reprendre tout ce qui lui appartenait, et notamment son prénom, que le jeune homme portait tatoué dans la nuque. Elle a donc entrepris de le lui arracher avec un couteau. Elle a été arrêtée pour violence conjugale et risque la prison. Ronald, quant à lui, ne souffre que de légères blessures.

PHILIPPINES – 10 août 2004

Un peu éméché lors d'une réception de mariage, Benjie Ganay a trébuché et accidentellement touché les fesses de la mariée. Il a été emmené à l'écart, battu à mort et découpé en morceaux par quatre membres de sa propre famille.

C'est Eladio Baule qui a lancé le mouvement : il n'a pas supporté que son cousin ait posé la main sur sa fille. Le corps du mauvais plaisant a été grillé avec des feuilles de coco et du kérosène, et sa dépouille a été servie aux convives dans un plat, sans que personne repère la moindre anomalie.

ALLEMAGNE – 12 décembre 2003

« Mangez, ceci est mon corps. » Armin Meiwes, 42 ans, prenait cette expression à la lettre, mais sans bien la comprendre. Pour lui, manger un homme est un acte de communion religieuse.

Il a expliqué à la cour, pour sa défense, que des « centaines, voire des milliers » de personnes cherchaient à assouvir leur faim de chair humaine sur des forums Internet tels que « Cannibal Cafe », « Guy Cannibals » ou encore « Torturenet ».

Meiwes est enfant unique, c'est comme ça qu'il explique sa tendance atypique. Il a toujours voulu un petit frère, un enfant qui fasse partie de lui.

Pour combler ce manque, il poste des annonces sur Internet, sous le pseudonyme de « Franky ». « Si vous avez entre 18 et 25 ans, vous serez à moi » ; « Venez chez moi et je me délecterai de votre chair. »

En un an, 430 personnes se montrent intéressées par ses propositions. Mais ils ne sont pas prêts à se faire boulotter, seulement tuer au cours d'un jeu de rôle.

L'informaticien malingre et binoclard reçoit un message providentiel d'un certain Bernd-Juergen B. Quelle chance, il vit en Allemagne lui aussi, et il est informaticien !

Armin Meiwes l'invite dans sa résidence secondaire, près de Kassel dans le centre du pays, et l'emmène dans sa « chambre des massacres ». L'endroit est aménagé avec une cage, une table de boucher et toutes sortes de couteaux et de hachoirs.

« Il m'a dit que, dès l'enfance, il rêvait d'être massacré pour être mangé par un cannibale, raconte Meiwes pendant son audience. Il était très intelligent et ne présentait aucun signe de trouble mental. »

Avec le consentement de Bernd-Juergen, il filmera l'intégralité de la scène. Avant de le mettre à mort, la victime est émasculée. « Pour lui, c'était important de voir son membre se faire couper. Il était très excité et il a adoré voir ça. »

Dix heures après avoir été mutilé, Bernd-Juergen s'évanouit. Meiwes le tue avec un couteau, l'accroche à un crochet de boucherie et le découpe en morceaux, tout en continuant de filmer ce qu'il fait.

L'avocat de Meiwes plaide l'« homicide par assistance », c'est-à-dire l'euthanasie, ce qui vaudrait à son client une peine de cinq ans de prison tout au plus.

Le cas pose un problème juridique épineux : sur la vidéo, la victime paraît consentir à tout ce qui lui arrive... Armin Meiwes a tout de même été condamné à huit ans et demi de prison.

RUSSIE – 20 juin 2010

Trois sans domicile fixe russes ont été condamnés à des peines allant de treize à dix-huit ans de prison pour avoir tué un jeune homme de 25 ans et en partie consommé sa chair. Ils ont ensuite vendu ses restes à un marchand de kebabs.

INDONÉSIE – 21 juillet 2009

« J'adore la viande. Toutes les sortes de viandes tant qu'elles sont cuites. Mais je ne mange plus d'homme. À la place, je mange des épinards. » Ce fermier cannibale de 37 ans s'est assagi.

Dans de nombreux pays, Sumanto aurait été interné en hôpital psychiatrique : il avait dévoré le corps d'une dame âgée de 81 ans, environ vingt-quatre heures après son décès.

Or Sumanto a passé quatre ans derrière les barreaux d'une prison normale, pour « vol » du corps et atteinte à l'ordre public. Il est ensuite retourné dans son village, sans le moindre suivi psychologique.

À présent, il voudrait que ses voisins arrêtent de le rejeter et d'avoir peur de lui et rêve de trouver l'amour.

BRÉSIL – 5 novembre 2009

On peut le dire, Ademir Jorge Goncalves a réussi son coup s'il voulait épater la galerie : il a pointé à son propre enterrement.

Ce maçon de 59 ans avait été identifié par ses proches comme la victime d'un accident de car.

« Tu es sûr que c'est à lui, tout ça ?

– Je reconnais une oreille, un genou, le col de la chemise qu'il portait ce matin… ça ne peut être que lui. »

Pendant que ses parents, sa sœur et ses oncles et tantes se creusaient la tête pour tenter d'établir un rapprochement entre le tas d'os et de boyaux pêle-mêle qu'ils avaient devant les yeux avec l'Ademir qu'ils connaissaient, le principal intéressé était en train de picoler gaillardement avec quelques amis.

Deux jours plus tard, il croise Rosa, l'une de ses nièces, qui lui annonce la nouvelle de son enterrement, le jour même.

« Merci de m'avoir prévenu à l'avance ! Dire que j'allais manquer ça », râle-t-il.

Le temps de passer un costume et de se refaire une beauté, et le voilà présent à la cérémonie pour faire une bonne surprise aux autres convives et rétablir la vérité des faits.

ÉQUATEUR – 17 juin 2010

« Recherches, captures ou meurtres, nous éliminons ceux qui vous incommodent. »

En temps de crise, les agences de tueurs à gages équatoriennes doivent rivaliser en faisant leur publicité sur la Toile.

Ainsi, par exemple, le site « Asesinos a sueldo » indique des témoignages d'anciens clients, tous très satisfaits des services rendus. Il explique en des termes très simples comment un futur client peut commander un meurtre. Il suffit d'envoyer un e-mail à l'agence pour expliquer ses motivations puis de régler la prestation par chèque ou virement bancaire. Les tarifs vont de 250 à 2 500 euros.

La véracité de ce site n'est pas certaine, mais elle n'est pas complètement invraisemblable.

MEXIQUE – 21 janvier 2011

Guadalajara, salle des fêtes. Le groupe de salsa festive Excelencia donne un concert, tout le monde chante et danse dans la salle, le succès est époustouflant. La fête avait commencé à 22 heures, et à l'approche des 4 heures du matin, le groupe commence à fatiguer sérieusement. Des rappels, encore des rappels... Cette fois-ci, les musiciens refusent.

Quatre spectateurs expriment leur déception en balançant une grenade dans la salle. Dans un mouvement de panique générale, la foule se précipite hors des lieux. Les musiciens se font tirer dessus et deux d'entre eux sont tués. Une spectatrice a été blessée. Les quatre criminels ont réussi à s'enfuir.

MEXIQUE – 31 octobre 2010

Marisol Valles Garcia, étudiante en criminologie, a été recrutée pour l'emploi le moins désiré de tout le Mexique. À 20 ans et avec un enfant de 7 mois, elle est devenue chef de police de l'une des villes les plus dangereuses du monde, Praxedis Guadalupe Guerrero, dans l'État de Chihuahua, au nord du pays.

La criminalité envers la population est très élevée, certes, mais surtout ses deux prédécesseurs ont été tués en un an seulement par les cartels des narcotrafiquants de la vallée de Juárez. Le poste était resté vacant pendant les dix mois qui ont précédé les prises de fonction de la jeune femme.

PAS SÛR QUE ÇA EN VALAIT TELLEMENT LA PEINE...

Petit butin, petit bénéfice, petits moyens, petit cerveau, petit mobile, petit crime... les criminels souffrent parfois de douloureux effets de disproportion. Beaucoup de cris pour rien, ils prennent la mouche pour pas grand-chose, sont condamnés pour trois fois rien. Tous ces bouleversements d'échelle donnent envie de leur dire que cela n'en valait vraiment pas la peine.

FRANCE – 19 août 1977

« Cela n'en vaut pas la peine. » C'est le commentaire que fait le braqueur d'une banque de Metz quand il a vu la somme que le guichetier lui remet. Il range l'arme dans sa poche, ressort de la banque comme il était entré et rentre chez lui, penaud.

ITALIE – 31 octobre 1973

Trois sandwiches : deux au jambon et un autre au parmesan. C'est le butin de deux bandits qui ont attaqué, à bord d'une puissante voiture, un fourgon de transport de fonds à Rome. Ils ont contraint le chauffeur à s'arrêter et, sous la menace de leurs armes, lui ont arraché un sac… qui contenait le casse-croûte du chauffeur. Celui-ci a dûment porté plainte.

RUSSIE – 7 octobre 2008

Une jeune fille de 18 ans a assassiné son amie en la frappant de plus de 100 coups de pince à épiler. Elle n'a pas supporté que l'autre jeune fille lui dise qu'elle était trop laide pour trouver un petit ami.

ÉTATS-UNIS – 19 novembre 2010

Un enseignant d'une école primaire de l'Idaho, désormais suspendu, pourrait être condamné à dix ans de réclusion pour avoir eu en sa possession 70 images pornographiques représentant des enfants du dessin animé *Les Simpsons*.

AFRIQUE DU SUD – 15 juin 2004

Dans une banlieue chic de Johannesburg, un homme demande conseil à une décoratrice d'intérieur pour réaménager sa villa. Alors qu'elle déambule de pièce en pièce, l'homme va chercher une hache dans sa remise et revient lui briser le crâne. Pendant son audience, il expliquera son geste : « Elle ne faisait que critiquer mon intérieur, et elle ressemblait à une prof que j'avais au collège et que je détestais. »

FRANCE – 3 mars 1977

Il est peu avant 9 heures dans une rue déserte d'une petite ville de la Meuse. Un homme armé menace le propriétaire d'une bijouterie en train de garnir la vitrine de son magasin de l'intérieur.

« Ouvre. » Le bijoutier fait « non » de la tête.

« Ouvre. » Le bijoutier refait « non » de la tête.

Cette fois-ci, c'est le complice du voleur qui tente sa chance.

« Ouvre. » De nouveau, un « non » de la tête.

Un chien aboie. Un passant avance dans leur direction. Les deux bandits remontent dans leur voiture et s'en vont.

FRANCE – 28 mai 2004

Un homme avance vers le guichet d'une banque de Rennes, il porte un bonnet et des lunettes de soleil, l'une de ses mains se cache dans un sac à dos qu'il tient devant lui. Les employés pâlissent. Sèchement, l'homme demande la caisse. Le chef de l'agence trouve le courage de refuser. Le braqueur réitère sa demande, en vain.

« C'est bon, c'était une blague, je venais juste pour ouvrir un compte. »

Il donne un faux nom au personnel et s'en va.

PHILIPPINES – 2 novembre 2010

L'acteur Kirk Abella participait au tournage d'un film britannique, *Going Somewhere*, aux Philippines. Il jouait le rôle d'un criminel. Pour le tournage d'une scène d'action, Kirk Abella, âgé de 32 ans, participait à une fusillade. À moto, il portait un masque et brandissait une arme en plastique.

Le réalisateur avait envoyé des avis à propos du tournage dans le village, et une assistance de la police avait été sollicitée pour gérer la circulation et les passants. Malgré tous ces efforts, un veilleur de nuit a pris l'acteur pour un vrai criminel et, n'écoutant que son courage et son sens civique, il a tiré sur Kirk Abella et l'a tué.

Le veilleur de nuit a clamé qu'il n'était pas au courant du tournage de ce film. De toute façon, il était employé par une société de sécurité privée et n'avait pas le droit de détenir une arme à feu. Il devrait être poursuivi.

ROYAUME-UNI – 20 avril 2004

Dans le courant de l'année 2003, un Britannique de 37 ans avait développé une haine globale contre la population des automobilistes: l'un l'avait éclaboussé, et il a même failli être renversé. Au mois de décembre de cette année-là, il passe à l'attaque: lors d'une expédition punitive, il crève les 2000 pneus de plus de 500 véhicules à l'aide d'un tournevis. Il a dû rembourser les 374000 euros de préjudice causé.

FRANCE – 24 octobre 2003

Une nuit d'octobre 2003 à 1 heure du matin, des casseurs défoncent la façade d'un Crédit agricole du vignoble nantais avec une voiture volée. Ils arrachent le distributeur de billets avec des sangles attachées à la voiture, avant de se rendre compte qu'il y a erreur : ce n'est pas le distributeur de billets mais la borne de relevés de comptes qui a été descellée. Ils sont repartis, du coup. Tout ce bazar pour rien.

ROYAUME-UNI – 20 mai 1979

Dr A. Aaron et N. F.

Voici la première ligne de la première colonne de la rubrique « Dentistes » de l'annuaire téléphonique de Newport, au pays de Galles, de l'année 1978.

L'année suivante, les deux noms avaient disparu de l'annuaire. Le Dr Aaron n'a jamais existé, mais le Dr F. voulait que son nom apparaisse en tête du classement alphabétique. Il a été suspendu pour « délit disciplinaire d'atteinte aux règles de la confraternité ».

AFRIQUE DU SUD – 30 septembre 2010

La Cour suprême de Durban a condamné les frères Brian et Leon Steven à cent quinze et quatre-vingt-dix ans de prison, respectivement, pour le meurtre de quatre clients d'un pub en septembre 2008.

Les deux hommes, anciens agents de sécurité, étaient en train de se soulager aux toilettes. L'utilisateur d'un urinoir voisin, d'origine indienne, a fait une remarque peu flatteuse sur l'attribut viril d'un client blanc. Une violente bagarre a éclaté entre un groupe d'Indiens, parmi lesquels les deux condamnés, et un groupe de quatre Blancs. Les deux frères ont été éjectés du pub mais sont revenus pour tuer leurs quatre rivaux à l'arme à feu.

CHINE – 17 janvier 2011

Après avoir provoqué un accident de la route en brûlant un feu rouge, Chu, âgée de 55 ans, refuse de payer pour les réparations de la voiture qu'elle a percutée avec son tricycle. L'homme qu'elle refuse de dédommager appelle la police.

De peur que son tricycle soit envoyé à la fourrière, Chu se défend bec et ongles. Elle enlève son pantalon et dès qu'un policier s'approche de son engin, elle le roue de coups de futal.

Un policier a été assommé pendant l'attaque. Il a dû être conduit à l'hôpital et soigné pour une commotion cérébrale. C'est le site China Smack qui a révélé l'information. Chu a expliqué à un journaliste du site: « Je ne voulais pas l'assommer, je voulais juste lui faire lâcher prise. Je suis désolée. »

BELGIQUE – 10 décembre 2010

Depuis plusieurs mois déjà, le Liégeois Marc Legrain, ancien légionnaire, haïssait son voisin Jérôme Mary. Il ne supportait plus sa présence, ni celle des déjections de ses chiens, qu'il trouvait régulièrement devant l'entrée de l'immeuble. Marc Legrain a trouvé une solution au différend: il a abattu son voisin de deux balles, dont une dans le cœur.

COLOMBIE – 24 mai 2005

À Iconozo, au sud-ouest de Bogotá, lancer une rumeur est passible d'une peine de quatre ans de prison ou d'une amende pouvant atteindre 118000 euros. Il ne s'agit pas seulement de couvrir les amours illicites et de préserver la respectabilité des maris cocus. En Colombie, le lancement d'une rumeur peut entraîner la mort: un bruit court que vous appartenez à tel groupe paramilitaire ou à tel autre, et vous êtes cuit.

Tous les commérages sont donc proscrits parmi les habitants d'Icononzo. Mais de quoi vont-ils parler alors ?

FINLANDE – 30 août 2007

Un riche promoteur immobilier suédois a été flashé à 67 km/h sur une route limitée à 30 km/h, sur l'île finlandaise d'Aaland. En Finlande, le montant des amendes pour excès de vitesse est déplafonné et indexé sur le revenu. C'est ainsi que notre sexagénaire a dû verser une amende de 20 500 euros. En ayant eu beaucoup de chance : le montant aurait dû être majoré du fait de la présence d'écoles dans les environs, et le dépassement d'une limitation de vitesse qui excède les 100 % est passible d'une peine de prison.

JAPON – octobre 2008

Une femme de 43 ans, professeur de piano, était férue du jeu en ligne « **Maple Story** », où les joueurs créent et font vivre des doubles numériques, comme dans le jeu « Second Life ». Dans ce jeu, la femme avait épousé un homme, qui lui avait donné ses codes d'accès en signe d'engagement. Lorsque son mari virtuel a divorcé d'elle sans l'avertir ni sans lui demander son consentement, la femme bafouée est entrée dans une colère noire.

Elle a manipulé ses données pour supprimer l'avatar de son mari, commettant ainsi un meurtre virtuel. La joueuse ne fomentait pas de vengeance dans le monde réel, mais la police de Sapporo a tout de même pris l'affaire au sérieux. Le mari a porté plainte quand il a découvert que son avatar était mort. Son ex-femme virtuelle est accusée d'avoir accédé illégalement à un ordinateur, manipulé des données électroniques, et utilisé l'identité et le mot de passe de son ex-mari virtuel pour accéder au jeu et commettre le meurtre en ligne. Pour cela, la suspecte a été placée en détention provisoire et pourrait être condamnée à une amende de 4000 euros et à une peine de cinq ans de prison ferme.

LA CONTREFAÇON TUE

INDE – 19 août 2010

Le ministre indien des Nouvelles Technologies et des Télécommunications, Sachin Pilot, a demandé l'ouverture d'une enquête sur le cas d'une explosion mortelle de téléphone portable dans l'État du Rajasthan, au nord-ouest de l'Inde.

Le jeune Gopal Gujjar, âgé de 23 ans, a en effet été retrouvé étendu, mort, des débris d'un téléphone mobile Nokia 1209 près de lui. Son cou et son oreille droite étaient sérieusement endommagés.

Les agences gouvernementales impliquées dans l'enquête ont jugé qu'il était dangereux d'utiliser un téléphone portable par temps humide.

Il est probable que des ateliers de contrefaçon soient plus à blâmer que la respectable entreprise Nokia.

CHINE – 3 février 2009

Plusieurs cas de mort pour cause d'explosions de téléphone portable avaient déjà été recensés. Un vendeur de Guangzhou, près de Shanghai, a été tué par la batterie de son téléphone portable qui a explosé alors que l'appareil était rangé dans la poche de sa chemise. Une artère majeure a été touchée et on a retrouvé l'homme au milieu d'une mare de sang. Son collègue explique qu'il avait acheté une nouvelle batterie « qui n'avait pas de marque ».

CHINE – 20 février 2009

La chaise sur laquelle ce jeune Chinois de 14 ans était innocemment assis ne devait pas avoir une origine bien nette non plus. À cause de la pression, d'après ce qu'a révélé une enquête ultérieure, le cylindre à gaz qui permet d'ajuster la hauteur du siège a explosé. Le malheureux a eu le fondement déchiqueté par les éclats de métal de la chaise. Il a, peu de temps après, succombé à ses blessures.

ÉTATS-UNIS – 3 décembre 2010

Un matin de décembre, David Wales se lève et se prépare pour aller au travail. Il entre sous la douche, mouille ses cheveux et commence à se masser la tête avec son shampooing habituel. Heureusement qu'il était passé au supermarché la veille, se félicite-t-il : justement il n'en avait plus. David Wales se rend toujours au même supermarché le dimanche et utilise toujours le même shampooing.

Alors qu'il sort de la douche pour se sécher, il commence à ressentir une brûlure à la tête et son cuir chevelu le démange atrocement. Il se passe la main dans les cheveux, et ils se mettent à tomber en touffes épaisses. Peu de temps après, il n'en reste plus un seul. Il panique, se met à crier de peur, de rage et de douleur. Il porte la bouteille de shampooing à son nez : il sent une odeur de soufre.

David se précipite aux urgences, son crâne pelé porte des traces écarlates et la douleur ne cesse pas de le tirailler. Après plusieurs examens, diverses concertations et une longue réflexion, le Dr Gary Hole en vient à cette horrible conclusion : les cheveux de David ne repousseront jamais. Un échantillon du shampooing a été envoyé aux laboratoires de la police locale et David a trouvé un avocat, maître Nofdö. Il réclame une compensation d'égale mesure à ce changement d'apparence définitif.

RUSSIE – 14 janvier 2011

Lors d'un concert de rock en plein air, un guitariste se lance dans un solo. Catastrophé par la nullité de la performance, le chanteur quitte la scène, abasourdi. Il reprend ses esprits et revient pour gifler violemment le guitariste derrière la tête. Suivi du bassiste qui l'assène de coups de pied dans les jambes et le ventre. La violence du spectacle a dû distraire le public et lui faire oublier le solo désastreux.

ALLEMAGNE – 21 décembre 2010

Walter Koenig, âgé de 61 ans, jugé par le tribunal de Fribourg, devait dire un dernier mot avant que son procès ne soit clôturé. « Un dernier mot », ou « quelques derniers mots », Walter a ignoré la nuance, et le temps de parole autorisé n'ayant pas été précisé, il a saisi sa chance de se disculper en entamant un discours qui aura duré quatorze heures.

En vain, pourtant : le procureur a salué ce record national mais estime qu'il n'a « pas su convaincre en dépit d'un discours marathon ».

FRANCE – 17 avril 2008

Deux jeunes gens d'une vingtaine d'années flirtent dans une boîte de nuit du centre de Pau. Dans la vie, la jeune fille est coiffeuse, et le jeune homme, gendarme. Ils sortent de la boîte pour s'isoler, marchent dans la nuit, main dans la main, et trouvent un canapé abandonné dans une cour d'immeuble. Avant que leurs caresses ne deviennent plus approfondies, la jeune fille disparaît : « Je reviens tout de suite. »

Voilà qu'elle ne revient pas. Le gendarme suppose qu'elle est entrée dans l'immeuble. Il monte un escalier et trouve la porte d'un appartement ouverte. Tout est sombre. Il entre dans le lit et commence à caresser la femme qui y est allongée. Elle pousse un cri, son mari sursaute, bondit sur l'intrus et le pourchasse en usant du pistolet à billes de son fils. Le gendarme, croyant que c'est une vraie arme, trouve refuge dans un poste de police.

RUSSIE – 29 octobre 2010

Nouvelle loi sur la police: il est dorénavant interdit d'utiliser un canon à eau contre des manifestants par une température inférieure à zéro degré.

ARGENTINE – 3 janvier 2011

Sur un quai de la gare de Buenos Aires, une femme est désemparée: elle voyage avec sa fille et elle a oublié de prendre un billet pour elle. Elle vient de se rendre compte de sa bévue en voyant des contrôleurs, justement.

Alors qu'ils s'approchent d'elle en demandant les titres de transport des voyageurs, la femme décide de cacher sa fille pour ne pas qu'elle soit contrôlée. Son enfant n'est plus un bébé, elle ne tiendrait pas dans les vêtements de sa mère. Prise au dépourvu, la jeune femme trouve une idée: elle cache la fillette dans le renfoncement qu'il y a entre le quai et les rails. « Je reste près du bord, accroche-toi à mon pied », lui dit-elle, pour plus de sécurité.

Manque de chance, un voyageur sur le quai d'en face a vu l'enfant recroquevillée dans cet endroit improbable et a tout de suite alerté le personnel de la gare qui a coupé le courant électrique, remonté l'enfant sur le quai et fait payer une amende à la mère.

ÉTATS-UNIS – 6 janvier 2011

Le professeur Ognjen Milatovic, qui enseigne les mathématiques dans une université de Floride, prenait l'avion pour présenter l'un de ses articles lors d'une conférence à Washington D.C. Il tient un sac de plastique sur ses genoux. Des bruits étranges en émanent. Des passagers apeurés préviennent les membres d'équipage qu'un individu louche détient un paquet qui a l'air hautement suspect. Il s'est avéré, après que le professeur a vidé son contenu, que le sac contenait des clés, un chapeau, un beignet et du fromage.

Furieux d'être la cible d'une accusation, le professeur veut passer sa rage en râlant au téléphone. Le personnel de la compagnie lui demande de raccrocher, ce qu'il refuse de faire.

Le professeur Milatovic fait à présent face à deux accusations : conduite désordonnée et interférence avec le fonctionnement d'un avion. Tout ça pour un beignet et du fromage.

CANADA – 11 janvier 2011

Joshua Atkinson, 36 ans, a été condamné à soixante jours de prison pour excès de vitesse. Son incarcération lui a valu d'être absent à son propre mariage.

FRANCE – 20 mars 2010

Le 20 mars 2010, la supérette Proxi de Wahagnies, dans le Nord, fait l'objet d'une tentative de braquage que l'on peut qualifier sans scrupule de ratée : le braqueur menace le gérant de l'enseigne avec une arme à feu pour qu'il lui remette la caisse. Avant de la saisir, le voleur pose son arme sur le comptoir (eh oui, il n'a que deux mains). Le responsable du magasin s'empare du pistolet. Pris de panique, le voleur lâche la caisse et prend la fuite en laissant derrière lui : le butin, son arme et son scooter.

ÉTATS-UNIS – 11 décembre 2010

Le braqueur d'une succursale de The Bank of West a été arrêté quarante minutes seulement après avoir commis son larcin. Il s'est enfui de la banque à pied, mais alors qu'il passait devant un arrêt de bus en courant, il voit le bus qui s'apprête à repartir. Le voleur a alors une idée brillante : « Tiens, et si je le prenais pour m'enfuir plus rapidement ? » Il accélère sa course et, en sortant la main de sa poche pour faire signe au chauffeur de l'attendre… il fait tomber tous les billets par terre.

MOLDAVIE – 29 juillet 2010

Un prêtre moldave a noyé un nourrisson en le baptisant. Il a oublié de lui couvrir le nez et la bouche avec sa main.

ALLEMAGNE – 19 août 2008

Une enseignante allemande a traîné l'une de ses élèves en justice pour diffamation : la jeune fille racontait à qui voulait l'entendre que la professeur souffrait d'une phobie des lapins (aussi appelée cuniculophie).

Plainte déboutée : il s'est avéré que l'enseignante était réellement phobique. Pour preuve : une crise de larmes en entrant en classe, alors qu'une élève avait dessiné au tableau un mammifère aux grandes oreilles. En revanche, la jeune élève risque une amende de 5 000 euros si elle réitère son dessin.

FRANCE – 13 janvier 2011

Syra a reçu deux amendes de 90 euros chacune pour avoir grillé deux fois un feu rouge. En outre, elle a perdu huit points et son permis. Elle est folle de rage. Si elle est passée au rouge ces deux fois-là, c'est parce que la neige créait une pagaille monstre et que les policiers eux-mêmes permettaient aux automobilistes de passer pour fluidifier le trafic.

Apparemment, son cas n'est pas isolé. Le garagiste de Syra a entendu d'autres histoires de ce type, dit-il. Parfois, la police s'occupe de la circulation sur un carrefour en prenant des libertés quant aux feux, mais alors les radars automatiques ne sont pas activés.

Syra doit faire un stage de conduite qui lui coûtera 250 euros pour récupérer 4 points et avoir de nouveau son permis.

ROYAUME-UNI – 2007
(article du 29 janvier 2009)

Paul Bentley travaillait comme ingénieur de maintenance dans une pâtisserie industrielle de Nottingham. Il est accusé d'avoir voulu saboter la production garantie sans arachide de son usine en y disséminant des cacahuètes : le but étant de déclencher des crises d'allergie aiguës, voire mortelles, chez les clients de l'entreprise. L'incident avait causé une fermeture de l'usine pendant vingt-quatre heures et une perte d'1,2 million de livres pour l'entreprise.

L'ancien employé était furieux d'avoir été sanctionné pour avoir placardé un calendrier érotique sur son lieu de travail.

AUSTRALIE – 29 avril 2010

Qui veut la recette des tagliatelles aux sardines et au prosciutto ? (En admettant qu'un plat qui mélange de la sardine avec du jambon fasse beaucoup d'adeptes.)

Vous la trouverez dans la *Pasta Bible* des éditions Penguin. Il vous faudra attendre la réédition : le Penguin Group Australia a dû mettre 7000 exemplaires du livre au pilon et le réimprimer en urgence. Et payer une amende de 20000 euros.

Il y avait une coquille dans la bible des pâtes : au lieu de *« freshly ground black pepper »* (« du poivre fraîchement moulu »), on pouvait lire *« freshly ground black people »* (« des Noirs fraîchement moulus »). La maison d'édition accuse son correcteur d'orthographe automatique de cette bévue.

PHILIPPINES – 14 octobre 2010

Le Parlement philippin a voté la loi qui réglemente le tempo de l'hymne national *Terre choisie* (*Lupang*

Hinirang), et qui punit de 100 000 pesos d'amende les mauvais interprètes.

« *Lupang Hinirang* doit être chanté sur un rythme de marche avec un tempo de 100 à 120 pulsations par minute, en 4/4 et 2/4. » Des chanteurs populaires comme Arnel Pineda, Martin Nievera et le groupe féminin La Diva ont été critiqués pour leur interprétation lors de matchs de boxe. Arnel Pineda, le chanteur de Journey, qui avait transposé l'hymne sur un registre plus aigu, a été obligé de s'excuser d'avoir « pris des libertés » avec le chant national.

Le texte prévoit également de sanctionner les personnes « ne se levant pas avec ferveur en signe de respect » lors de la diffusion de l'hymne dans les cinémas. Les agents de sécurité et les ouvreurs auront le droit d'interpeller les contrevenants et d'appeler les forces de l'ordre pour procéder à leur arrestation.

KIRGHIZISTAN – 29 septembre 2010

Tous les candidats à la fonction publique kirghize, aspirants douaniers, policiers ou agents du fisc, devront désormais être interrogés et passés au détecteur de mensonges.

À la question « Avez-vous déjà donné ou reçu un pot-de-vin ? », si le candidat répond « oui », il sera bien sûr recalé. S'il répond « non », il sera aussi recalé pour avoir menti :

les examinateurs, eux-mêmes fonctionnaires, connaissent suffisamment leur pays pour savoir que c'est impossible.

ALLEMAGNE – 27 décembre 2006

Travailler tous les jours à la caisse d'un fast-food, quel ennui, surtout quand on doit 25 euros à un collègue depuis des semaines. « Je vais encore voir sa tête de nœud et il va encore me traiter de sale pauvresse… Je ne peux pas leur dire une fois de plus que je suis malade pour ne pas venir, je dois trouver autre chose. Le coup de l'enlèvement, c'est pas mal, ça. Oui, allez, c'est décidé, ce matin, je me fais enlever. Un petit SMS de détresse aux darons et l'affaire est réglée. En plus, ça me laisse du temps pour dormir un peu plus. »

Cette jeune femme de 21 ans a été recherchée dans toute la Bavière par la police de Straubing. Elle est réapparue le lendemain en disant qu'elle avait été libérée par son ravisseur. « Votre ravisseur : vous pouvez nous en dire plus ? »

Non, elle ne pouvait pas leur en dire plus. Elle a immédiatement avoué avoir simulé son enlèvement pour ne pas devoir affronter le collègue à qui elle doit 25 euros. Mauvais calcul : elle a dû payer une amende de 1 000 euros.

AFRIQUE DU SUD – 8 janvier 2007

Un policier sud-africain est intervenu dans une rixe survenue au beau milieu d'une cérémonie de circoncision. Lui aussi paiera de sa personne : l'un des hommes qui se battaient lui a arraché le nez d'un coup de dent.

INDE – 24 novembre 2010

Les membres de l'organisation Karnataka Rakshana Vedike (KRV) ont extorqué une imprimerie dans le Karnataka, juste avant la fermeture. Des hommes sont entrés dans le magasin et ont forcé le responsable à photocopier des documents gratuitement, sous peine de saccager le magasin. La société Printo a déposé une plainte auprès de la police, qui reconnaît que KRV crée des nuisances dans la ville.

FRANCE – 26 novembre 2006

Un groupe de trois amis âgés d'une petite trentaine d'années fait un jour une promenade dans la forêt de Verrières-le-Buisson, dans l'Essonne. En plus de leur pique-nique, ils emportent un sac qui contient du chlorate de soude. Il s'agit d'un produit désherbant hautement toxique et à présent interdit à la vente.

Une patrouille de police surprend leur comportement inhabituel et interpelle les trois hommes alors qu'ils sont en pleine expérimentation. Ils sont placés en garde à vue, quand il a été avéré qu'ils manipulaient des produits toxiques et le chef de la petite bande s'est expliqué à la police : il est en train d'écrire son premier roman policier. Pour les besoins du livre, il a consulté des sites Internet qui expliquent comment fabriquer une bombe. Afin de s'assurer que son livre soit le plus réaliste possible, l'apprenti écrivain a voulu vérifier si le chlorate de soude mélangé à du sucre provoquait bien une explosion. Les trois hommes ont été déférés en comparution immédiate devant le parquet d'Évry.

ARGENTINE – 22 juillet 2009

Deux détenus condamnés pour un vol à main armée se sont enfuis d'une prison de la province argentine de Neuquén (sud-ouest). Ils ont escaladé un mur devant les yeux du gardien Wilson. Pourtant Wilson est zélé, il ne compte pas les heures. Peu bavard, d'humeur égale, tout le monde l'aime bien. Surtout les détenus. Wilson a été confectionné avec un ballon sur lequel on a posé une casquette de gardien. Le nom de Wilson a été inspiré par le film

Seul au monde (*Cast Away*, 2000), de Robert Zemeckis, dans lequel le personnage principal, incarné par Tom Hanks, est victime d'un accident d'avion et se retrouve seul sur une île du Pacifique. Pour tenir le coup, il entretient des conversations avec un ballon grimé qu'il appelle « Wilson », d'après la marque sportive.

En 2009, c'était déjà Wilson lui-même qui surveillait deux détenus chiliens, Freddy Fuentevilla et Marcelo Villarroel Sepulveda, accusés du meurtre d'un policier.

Le chef de la police locale – Juan Carlos Lepén – admet le manque de moyens de l'administration pénitentiaire.

FRANCE – 16 septembre 2005

E. K. voulait assassiner la femme de son amant. Plutôt que de passer à l'acte elle-même, elle engagea un tueur à gages sur Internet et lui versa 111 000 euros pour occire la légitime. Sept mois plus tard, le tueur n'avait toujours pas tué la dame. Lassée d'attendre en vain, la femme se rend au commissariat porter plainte pour escroquerie.

Elle a été incarcérée, et le tueur à gages de même. Une enquête a été menée pour savoir si c'était effectivement un escroc (ce qui n'aurait pas innocenté sa commanditaire) ou s'il s'agissait d'un tueur réel mais peu adroit.

ÉTATS-UNIS – juillet 2009

Adrainne Ledesma, une jeune femme de 17 ans, voit son père s'effondrer sous le coup d'un arrêt cardiaque. Prise de panique, elle appelle le 911, le numéro de téléphone de la police. Impatiente et hors d'elle-même, elle se met à jurer. Au lieu de l'aider, l'opérateur lui demande d'être polie et profite de ce moment opportun pour tenter de parfaire son éducation. La jeune femme raccroche, compose le 911 de nouveau et tombe sur le même opérateur qui l'insulte et lui demande de se présenter au poste de police. Elle a été incarcérée sous le chef d'accusation suivant : « Abus de ligne téléphonique 911. » Ce chef d'accusation n'a jamais existé. La presse n'a pas révélé ce qu'il est advenu de son père.

BELGIQUE – 1er décembre 2010

Giovanni Argento a été condamné par le tribunal correctionnel de Liège à une peine de vingt-cinq ans de prison pour une quadruple tentative d'assassinat. Les faits s'étaient déroulés le 20 mars 2009 dans le café L'Orée du bois de Seraing. Giovanni Argento y accompagnait sa mère qui avait rendez-vous avec des amis.

Après un passage aux toilettes, Giovanni Argento a frappé les invités de sa mère avec un couteau dans le but de les tuer. Les victimes avaient été atteintes de plusieurs coups à la gorge et au thorax. La scène avait duré quelques secondes avant qu'un autre client n'assomme l'agresseur avec une table.

Après son arrestation, il a expliqué à la police qu'il admirait les tueurs en série et qu'il voulait en devenir un lui-même. Pour cela, il a calculé qu'il devait tuer au moins deux personnes. Il pourrait alors devenir aussi célèbre que ses idoles.

La police l'a arrêté trop tôt : il avait le projet d'acheter un hachoir, de tuer des personnes en leur coupant la tête puis de manger leur foie et de jeter les cadavres dans la Meuse. Giovanni Argento a promis que, à sa sortie de prison, il commettrait des crimes encore plus sordides que ceux-là. Il est condamné à une peine de vingt-cinq ans de prison et une mise à disposition du gouvernement de dix ans qui prendra effet à la fin de l'exécution de sa peine principale. La mise à disposition est une procédure judiciaire belge qui se veut une mesure de sécurité supplémentaire. Un condamné qui en fait l'objet ne sera pas systématiquement libéré après avoir purgé l'entièreté de sa peine : c'est au ministère de la Justice de décider de le maintenir en détention ou de l'interner dix années supplémentaires.

FRANCE – 17 mai 1978

Un après-midi, à 16 h 30, un gendarme qui venait de terminer son service s'allonge dans sa chambre pour faire la sieste et s'endort. Son épouse s'empare de son arme de service et lui tire une balle dans la tête, à bout portant. Elle rate sa cible. La balle traverse l'oreiller, le matelas, le sommier, la cloison et transperce une canalisation d'eau.

La femme ne savait pas qu'elle utilisait un pistolet automatique (et quand bien même l'aurait-elle su…). Elle essaie de réarmer mais enraye l'arme et le deuxième coup ne part pas.

Comme son mari ne bouge pas (il dort toujours paisiblement), sa femme le croit mort. Elle court chez leurs voisins pour avouer son crime. Quelques minutes plus tard, le gendarme entre dans l'appartement des voisins à son tour, en bonne santé, reposé mais un peu alarmé : il a été réveillé par la fuite d'eau.

CANADA – décembre 2010

Le magasin The Free Store situé à Edmonton, en Alberta, n'est pas un magasin comme les autres. Il permet de se débarrasser d'affaires devenues inutiles en versant 2 dollars. En échange, les « clients » peuvent emporter tout ce qu'ils désirent. Il s'agit donc en fait d'une boutique de troc où l'intégralité de la marchandise vaudrait 2 dollars.

Malgré tout, The Free Store a été cambriolé.

PHILIPPINES – 16 décembre 2010

Dans les aéroports philippins, pendant la période des fêtes, les employés ont reçu la stricte interdiction de prononcer les mots « joyeux Noël ». Ils doivent se cantonner à un sourire. Ces deux mots aux allures innocentes ont des effets pervers trop rarement pris en compte. Ils peuvent en effet être interprétés comme une sollicitation pour quémander des cadeaux en liquide ou en nature. « Joyeux Noël » est un appel à la corruption.

ÉTATS-UNIS – 16 juillet 2009

À Baton Rouge, en Louisiane, une femme dont l'identité est demeurée secrète a été poignardée par sa colocataire prénommée Tanya.

Tanya avait pour habitude de se promener dans l'appartement en tenue d'Ève, sans la moindre pudeur envers l'autre jeune femme. Quand celle-ci lui a poliment suggéré de passer un peignoir, ou du moins une culotte, Tanya est entrée dans une rage folle. Ne supportant pas l'idée que la nature soit contrariée et qu'elle ne puisse plus se promener chez elle aussi nue que le jour de sa naissance, Tanya a poignardé sa colocataire rigoriste au visage, au cou et à la poitrine. « Je vais te tuer ! » criait-elle, entre autres amabilités. Raté : la colocataire a survécu à l'attaque. Tanya a été incarcérée à la Parish Prison de Baton Rouge pour tentative de meurtre.

ÉTATS-UNIS – 18 juin 2009

Marcus T. Bailey, 25 ans, était chez le coiffeur, agité par un mélange d'excitation et d'inquiétude. Il s'était enfin décidé à sauter le pas : il allait raser son afro.

En plein milieu de la séance, il voit deux de ses clients cocaïnomanes qui lui devaient encore un peu d'argent. Il s'excuse et sort de la boutique pour aller à leur rencontre. Les clients ne lui ont pas versé la somme en question. En revanche, des policiers l'attendaient : Marcus a donc été emmené au poste affublé d'un côté de la tête rasé et de l'autre côté en pétard. Avait-il gardé la sorte de tunique couleur layette qu'on vous noue derrière la nuque chez le coiffeur ? L'information n'a pas été précisée.

ÉTATS-UNIS – 13 mars 2009

Une BMW se trouvait garée à Gainesville, en Floride, sur la Seconde Avenue en face du bloc 1900. Sept PV ont été glissés sous le pare-brise, mais aucun des employés de la mairie n'a remarqué le cadavre sur la banquette arrière.

ITALIE – 27 mars 2010

Pasquale Manfredi, 33 ans, faisait partie des 100 criminels les plus recherchés en Italie. Il est à la tête de l'organisation N'drangheta qui sévit dans la région de Calabre, au sud de l'Italie. Il aurait une vingtaine de crimes à son actif, dont plusieurs meurtres et du trafic illégal d'armes à feu.

C'est son péché mignon qui a permis à la police italienne de repérer sa planque et d'y organiser une descente... Pasquale Manfredi était accro à Facebook. Il utilisait un pseudo : Scarface. Erreur plus grave : il se servait du site pour communiquer avec ses complices.

ITALIE – 7 novembre 2008

Domenico Magnoli, membre de la mafia calabraise et sous mandat d'arrêt pour trafic de cocaïne, est somme toute un homme comme les autres : à 27 ans, il tient à être en forme pour plaire à la gent féminine. Quand, malgré les régimes, il n'arrive pas à perdre son embonpoint, il entre dans une clinique de chirurgie esthétique pour faire une liposuccion.

Quand il se réveille de son anesthésie, il a à peine le temps d'admirer sa nouvelle silhouette : sa chambre est déjà pleine d'infirmiers et de visiteurs, des bouquets de fleurs et des boîtes de chocolats à la main. Ils semblent tous bien connaître Domenico, mais lui, en revanche, ne reconnaît pas leur visage... C'est normal, ce sont des policiers déguisés qui sont venus l'arrêter. Certains d'entre eux sont déjà entrés dans sa chambre la veille, déguisés cette fois en agents d'entretien, afin d'évaluer la situation. D'autres sont revenus plus tard.

La police le soupçonne d'avoir des liens avec le clan Piromalli, de la N'drangheta, une organisation criminelle calabraise impliquée dans le trafic de drogue entre l'Amérique du Sud et l'Europe de l'Ouest et qui est encore plus puissante que la mafia sicilienne.

ÉTATS-UNIS – 25 décembre 2010

Une jeune Américaine de 19 ans, Francheska Terrero, fêtait Noël en famille. Elle avait un peu trop bu ce soir-là. Quand elle a commencé à se chamailler avec ses parents, elle a perdu son sang-froid et s'est emparée du sapin de Noël pour les frapper avec. Elle a ensuite envoyé l'arbre au visage de son père. Alertée par la mère de Francheska, la police est arrivée sur les lieux peu après. En entrant dans la maison, ils ont découvert les branches et les aiguilles du sapin, les éclats de boules de Noël, les anges en plâtre, les ampoules multicolores, les Pères Noël en feutre et les rennes en plastique éparpillés dans le salon.

Les parents ont été légèrement blessés et Francheska Terrero a été incarcérée.

SINGAPOUR – 13 décembre 2010

Une jeune Chinoise de 26 ans, locataire d'un appartement, se dispute avec son propriétaire. Des retards dans le paiement du loyer, une canalisation toujours pas remplacée… ça chauffe. La fenêtre est grande ouverte, la jeune femme se penche, s'appuyant sur une étagère qui cède sous son poids. Elle tombe du 12e étage. Quarante mètres plus bas, une piscine amortit la chute et la jeune femme s'en sort avec quelques fractures, rien de bien méchant.

Mis à part que, à Singapour, la tentative de suicide est un délit. Elle a donc été arrêtée et va être poursuivie en justice, en risquant une peine d'un an de prison. À présent, il lui reste à prouver à la justice qu'elle n'avait pas voulu se suicider.

PORTUGAL – 6 janvier 1972

Un homme inculpé pour avoir tué un enfant dans la banlieue de Lisbonne est amené sur les lieux du crime par la police pour une reconstitution de la scène. Il était passé aux aveux peu de temps après son arrestation.

Sur un boulevard, devant une foule de badauds, le meurtrier saisit le pistolet qu'il avait utilisé deux semaines auparavant pour tuer l'enfant, vise dans la même direction, et tire un coup de feu… Il vient de tuer un passant.

HAPPY END

Quand, dans un crime, tout finit bien !

ÉTATS-UNIS – 13 janvier 2011

Un cambriolage sans suspect, sans objet volé, sans blessé, sans effraction… mais un cambriolage quand même. L'occupant d'un appartement de Boca Raton, en Floride, a constaté, en rentrant chez lui un soir, qu'un ou des inconnu(s) étaient entrés dans l'appartement pour déplacer un canapé dans le salon. Il soupçonne une ancienne petite amie, ou encore un SDF. La police, pas tellement plus précise, assure sans se mouiller que le « cambriolage » a eu lieu entre 8 h 30 du matin et 4 h 57 de l'après-midi.

CHINE – 25 juin 2005

Après une dispute conjugale survenue en 1994, l'épouse du Pékinois She Xianglin disparaît. Quelque temps après, on trouve le cadavre d'une femme dans une citerne des environs. Cette femme n'est pas du tout l'épouse de She, mais peu importe : notre homme est inculpé pour le meurtre de son épouse et condamné à la peine capitale. Dans un accès de clémence, le juge commue sa peine et She s'en sort avec quinze ans de prison.

Apparemment, il avait avoué sous la contrainte et avait été victime de violences policières. Pour preuve de son innocence, l'épouse du veuf assassin She Xianglin a été retrouvée, en vie et en bonne santé, avec un nouveau mari. She a été libéré de prison et compte réclamer des dédommagements aux autorités.

⁂

ROYAUME-UNI – 12 janvier 1979

Un Allemand de l'Ouest, arrivé à l'aéroport de Londres pour rendre visite à sa fille mourante, se trouvait dans un embarras extrême : il avait oublié son portefeuille et ne pouvait donc pas prendre de taxi jusqu'à l'hôpital où la jeune femme était soignée. Il a donc emprunté le portefeuille d'un Américain choisi au hasard.

Emprunté, oui : un an plus tard, l'Américain a trouvé dans sa boîte aux lettres le portefeuille qu'on lui avait dérobé. La somme d'argent avait été remplacée au cent près et l'Allemand avait joint au courrier une lettre d'explication.

⁂

AUSTRALIE – 17 octobre 2010

Dans la ville de Katherine, en pleine nuit, une jeune femme qui vit seule dans son pavillon est tirée de son sommeil. C'est le bruit de l'eau qui coule dans sa douche qui l'a réveillée. Morte de peur, elle appelle la police de sa chambre en disant qu'un inconnu est en train de faire sa toilette chez elle. L'homme était un voisin qui était entré chez elle par erreur, complètement ivre, et qui voulait prendre une douche pour dessoûler.

Il a été placé en détention, le temps de cuver son vin. Les médias, curieux de l'affaire, l'ont contacté pour lui demander des informations, mais il refuse tout commentaire – il a honte.

SUÈDE – 18 octobre 2010

Un professeur d'université se fait voler son ordinateur portable contenant le travail de dix années qu'il n'avait pas sauvegardé ailleurs. Une semaine plus tard, il trouve dans sa boîte aux lettres une enveloppe contenant une clé USB avec tous ses documents copiés. Le fruit d'un travail de plusieurs heures, selon le professeur.

POLOGNE – 9 décembre 2010

Le chef de la police de Bialogard, ville de 20000 habitants du nord-ouest de la Pologne, **se méfie des policiers** qui passent une journée entière sans pincer un contrevenant. Sûrement un fumiste qui n'ouvre pas assez l'œil. Andrzej, sergent, était bredouille à la fin de la journée et ne voulait pas que son salaire soit diminué, comme il arrive dans ces cas-là. Il a donc été faire quelques pas sur une voie ferrée, puis s'est appliqué une contravention de 20 zlotys (5 euros) à lui-même pour avoir « marché sur une voie ferrée ». Le tour est joué.

ÉTATS-UNIS – 15 décembre 2010

Kevin Funderburk, un jeune adulte de 25 ans, s'est introduit chez une vieille femme de 71 ans en se présentant à elle comme un sans-abri désemparé qui a besoin d'assistance. Il a essayé de l'agresser mais la dame a pu répliquer à temps et l'a frappé avec une poêle à frire.

Quand la police est arrivée sur les lieux, Kevin était inconscient, derrière la maison, le visage enfoui dans son vomi. Il a dû être transporté à l'hôpital pour que son crâne bénéficie de points de suture, puis on lui a mis un collier cervical pour qu'il soit fin prêt pour son séjour en prison.

SUÈDE – 31 octobre 2010

Branle-bas de combat à la cellule de prévention du crime d'Orebo, dans le centre de la Suède. Objectif : supprimer une publicité de la marque The Body Shop qui présente sa ligne de cosmétiques à l'huile de chanvre.

L'huile de chanvre contient de l'acide linoléique, aussi appelé oméga 6, ainsi que de l'acide gamma-linolénique (GLA). Ces substances sont excellentes pour les peaux sensibles et aident à lutter contre le vieillissement cutané.

Sans compter que le chanvre a de multiples autres usages, tout aussi honnêtes : on l'utilise dans la confection de tissus, la construction, l'isolation phonique et thermique, la fabrication de cordages, de biocarburant et la papeterie.

Or, selon les employés de la cellule de prévention du crime, le message de l'affiche est clair : il incite à la consommation de drogue et ruine leur travail de dissuasion auprès des jeunes.

ÉTATS-UNIS – 7 octobre 2010

Un jeune homme de 23 ans se fait filmer par une caméra de vidéosurveillance alors qu'il braque une banque de l'Oregon. Le lendemain du braquage, il se retrouve dans la rue, sans son portable, et doit passer un coup de fil à ses parents. Il entre dans un commissariat pour utiliser l'un de leurs téléphones. Savait-il qu'il avait été filmé, lorsqu'il a été arrêté dès qu'il est sorti du poste ? Selon ses dires, il pensait que la police ne le reconnaîtrait pas.

FRANCE – 27 octobre 2010

En rentrant chez elle un soir, la principale d'un collège parisien trouve un homme ivre mort, endormi, affalé dans un fauteuil. Auprès de lui, il y avait un sac grand ouvert et des objets de valeur appartenant à la propriétaire, épars. Il n'a pas été difficile pour la police de déterminer qu'il s'agissait d'un cambrioleur ivre qui s'est écroulé pendant qu'il commettait son méfait. Il n'a pas non plus été difficile de l'arrêter. Il avait ingurgité un puissant cocktail de bière et de tranquillisants, à tel point qu'il a dû être hospitalisé avant d'aller en prison.

RUSSIE – 27 octobre 2010

Igor A. Gusev a été arrêté. Enfin une arrestation de criminel qui va intéresser tous les *nerds* de la planète : depuis qu'on lui a retiré son ordinateur des mains, il y a 20 % de spam en moins dans le monde.

Les publicités pour les médicaments qui augmentent la taille du pénis, pour les diplômes à commander sur le Net, pour les aphrodisiaques, pour les moyens de tripler son salaire sans bouger de chez soi : tous ces spams qui créent de fausses joies à la vue de « boîte de réception : 5 nouveaux messages », c'était lui.

Depuis qu'il est derrière les barreaux, 50 milliards de spams par jour ne sont plus envoyés. Certes, il en reste encore 200 milliards d'autres qui continuent de transiter sur la Toile.

⁂

FRANCE – 16 novembre 2010

Les braqueurs de banque d'Angoulême sont des trouillards. L'employée de la boulangerie *Au pain des champs* est menacée par un homme encagoulé, une arme de poing à la main et qui réclame le contenu de la caisse. L'employée appelle au secours et le patron sort de l'arrière-boutique. Il brandit son balai. Le voleur s'enfuit en courant.

⁂

FRANCE – 25 novembre 2010

Un samedi d'octobre, peu avant 13 heures, comme tous les samedis après le marché, un camion poubelle fait le tour des halles du centre-ville de Douarnenez.

Au moment où l'un des conteneurs va basculer dans la benne pour vider son contenu, la manœuvre est stoppée net. L'agent de collecte a vu un homme sortir d'un sac-poubelle et partir en courant.

L'homme était-il entré dans un sac de son plein gré où y a-t-il été introduit lors d'une nuit fort alcoolisée ? Le capitaine de la compagnie de gendarmerie de Quimper « travaille sur toutes les hypothèses ».

⁂

ÉTATS-UNIS – 11 octobre 2010

Le Pilot Truck Stop est une station-service comme il y en a des centaines dans le Tennessee. Alors que la vendeuse fait un tour au rayon des confiseries, elle voit un sachet de plastique rempli de marijuana posé le plus simplement du monde entre trois barres de chocolat et quatre paquets de chewing-gum. D'où venait-il, que faisait-il à cet endroit, qui était le vendeur, qui était l'acheteur ? Si acheteur il y avait, pourquoi est-ce que personne ne l'a récupéré ? Personne ne l'a jamais su.

FRANCE – 28 septembre 2010

À Lognes, en Seine-et-Marne (77), un groupe de trois braqueurs a attaqué un fourgon blindé Loomis avec un camion benne de 29 tonnes. Le véhicule des voleurs est entré en collision avec le fourgon, si violemment que le camion benne a pris feu.

L'incendie a alarmé des salariés de l'entreprise Véolia qui conduisaient un camion de collecte de déchets. Ils ont décidé d'appuyer sur l'accélérateur et de foncer sur le véhicule en feu des agresseurs pour le pousser sur plusieurs mètres. Ceux-ci ont finalement pris la fuite et rien n'a été volé.

ÉTATS-UNIS – 28 septembre 2010

Un retraité de 67 ans pêchait paisiblement dans un étang de St. Louis, dans le Minnesota. Soudain, trois bandits lui demandent de leur donner son sac en le menaçant avec une arme à feu. Le pêcheur refuse de céder à leur demande et se défend avec sa canne à pêche. Il a l'abdomen lacéré lors de la lutte mais réussit tout de même à mettre ses agresseurs en fuite.

Lorsque deux adolescents se sont présentés à la police en se plaignant d'un vieux fou qui les aurait agressés avec sa canne à pêche, personne n'a cru à leur histoire. La vérité a vite été mise au jour et les deux adolescents devront plaider leur cause devant un tribunal pour enfants. Le troisième agresseur, âgé de 20 ans, n'a pas été retrouvé.

ÉTATS-UNIS – 10 septembre 2010

À l'endroit prévu pour la remise des livres empruntés par les lecteurs de la bibliothèque publique de Winona, dans le Minnesota, un inconnu a déposé *Small Voices : A Grownup's Treasury of Selections from the Diaries, Journals and Notebooks of Young Children.* C'est un journal de bord collectif, composé de textes écrits par des personnalités publiques majeures alors qu'elles étaient enfants.

Il est impossible de connaître l'identité du lecteur qui a emprunté le livre en dernier, ce qui représente un manque à gagner de 1 400 dollars en terme d'amende pour la bibliothèque. Le livre a en effet été rendu avec un retard de trente-cinq ans et les méthodes de suivi des emprunts ont changé plusieurs fois depuis. En tout cas, la bibliothécaire Robin DeVries a déclaré à la presse être très heureuse d'avoir remis la main sur cet ouvrage, plus d'une génération plus tard.

ÉTATS-UNIS – 5 octobre 2010

Un matin à 7 h 30, la police du comté de Santa Cruz reçoit l'appel d'une femme. Elle leur signale que son mari a été enlevé dans les environs de Rio Rico, devant le bureau de poste. Un groupe d'hommes, elle n'a pas su préciser combien, a forcé son mari à monter à bord d'une Toyota Tundra blanche immatriculée à Sonora, un État du nord du Mexique. La femme a peu après reçu un appel de son mari qui disait avoir été enlevé. Curieusement, aucune demande de rançon n'a été formulée.

Après deux jours d'enquête, la victime a été retrouvée dans une chambre de motel, partageant une pizza avec ses ravisseurs. L'affaire a fait l'objet d'un non-lieu.

ROYAUME-UNI – 10 novembre 2008

Un commerce alimentaire de Bristol, le Raja Food, a reçu un chèque de 100 livres (123 euros) accompagné d'une lettre d'explications et d'excuses :

« Chers Messieurs,

Je vous écris cette lettre pour réparer ce que j'ai fait. Il y a environ sept ans, je passais devant votre magasin, tard le soir, quand j'ai vu que la serrure avait été forcée. J'en ai profité pour entrer et j'ai volé 400 cigarettes. Je joins à cette lettre 100 livres pour rembourser ce que je vous ai volé. Je me droguais à l'époque et ma vie ne ressemblait à rien. Je ne me drogue plus maintenant et j'essaie de mener une vie honnête. »

Touché par le geste du voleur repenti qu'il qualifie de « foncièrement bon », le gérant du commerce a promis de reverser les 100 livres à une organisation venant en aide aux drogués.

SUISSE – 2 septembre 2010

Des murs roses, un plafond rose et des draps roses. Les 16 m² couleur bonbon accueillent des suspects en détention préventive dans la prison de Bienne, dans le canton de Berne. Les détenus sont l'objet d'une expérimentation qui date de mai 2010 seulement, ce qui est trop peu pour évaluer l'impact de la couleur rose avec le recul nécessaire.

Dans la prison de Pfäffikon, dans le canton de Zurich, les détenus les plus violents et agressifs sont enfermés dans les deux cellules roses du quartier de haute sécurité. Cette pratique dure depuis trois ans et on a observé que les détenus ne restent dans ces cellules que quelques jours – le temps de se calmer.

La couleur rose a un effet relaxant. Alexander Schauss, directeur de l'Institut américain de recherche biosociale de Tacoma (État de Washington), a mené une étude sur les effets du rose sur l'agressivité des prisonniers. Il en ressort qu'il est quasiment impossible de s'énerver dans un décor de cette couleur. Le rose réduit le rythme cardiaque, la pression sanguine et les pulsations. En un mot, le rose vous pompe toute votre énergie et rend l'assassin le plus sanguinaire aussi inoffensif qu'un chamallow.

L'expérience a d'abord été menée au centre correctionnel de la marine américaine de Seattle. Imaginez la tête des officiers quand on a leur a proposé de repeindre les cellules façon maison de Barbie. Il n'empêche : après cent cinquante-six jours d'expérience, aucun cas de comportement agressif ou criminel n'était à déplorer.

Les commandants Miller et Warden Gene Baker ont été dûment remerciés pour leur collaboration : la couleur rose utilisée porte à présent leur nom : Baker-Miller-Pink.

COLOMBIE – 26 août 2010

« Maman, papa, j'ai été arrêté par la police. Ils ont dit que j'avais de la cocaïne sur moi, mais ce sont eux qui l'ont cachée dans mon sac ! Moi, je n'aurais jamais pris de drogue, vous le savez. J'étais dans un bus, ils m'ont frappé et m'ont enfermé dans une prison militaire en pleine jungle, je ne sais même pas où je suis. J'ai peur, c'est l'enfer ici, je vais devenir fou ! »

Quelle angoisse à la lecture de cet e-mail pour le couple de Britanniques Gavin et Vina Hogg ! Leur fils Joshua voyageait depuis six mois en Colombie avec son cousin.

Le couple est pétrifié, plusieurs jours passent sans qu'ils sachent que faire. Gavin et Vina reçoivent alors un autre e-mail : Chris Davidson, un universitaire canadien, a été incarcéré dans la même prison que leur fils, pour expiration de visa. Il vient d'être libéré après que sa femme a envoyé de l'argent pour soudoyer les soldats :

« J'aimerais vous rendre le même service pour que Joshua soit libéré lui aussi. Je paierai les 750 000 pesos (300 euros) de caution si vous me transférez l'argent. Avec 240 euros de plus, Joshua pourra prendre un taxi pour l'aéroport. »

Le couple Hogg est fou de joie et voudrait embrasser leur bienfaiteur. Qui ne manque pas de leur déconseiller fortement de contacter l'ambassade du Royaume-Uni en

Colombie : « Votre fils sera alors officiellement inculpé et il sera donc beaucoup plus difficile de le libérer. »

Le lendemain matin, les époux Hogg ont encore une surprise : un appel de Joshua, qui se porte comme un charme. « De la prison, des e-mails envoyés dans un état de panique, un compagnon de cellule canadien ? » Joshua tombe des nues. Et les époux Hogg viennent de comprendre qu'ils se sont fait rouler.

Des fraudeurs ont accédé à son compte Facebook ou Hotmail dans l'un des cybercafés fréquentés par Joshua et son cousin. Ils ont noté que les deux jeunes gens partaient en excursion et ne seraient pas joignables pendant plusieurs jours. Ils ont aussi noté leur itinéraire.

Comme la transaction par Western Union au faux Chris Davidson a sûrement paru suspecte, elle a été annulée, les Hogg ont eu relativement de la chance (mais tout de même une grosse frayeur inutile). Ce genre d'arnaque est fréquent, il provient la plupart du temps de Nigérians, même si, dans le cas de Joshua, l'adresse de la connexion Internet de l'escroc se trouvait à Bogotá.

ÉTATS-UNIS – 28 octobre 2010

Staton, Delaware. Une jeune fille de 12 ans attend seule un bus devant son école. Il est 16 h 10. Un homme s'approche, au volant d'une camionnette blanche, et lui dit de monter à bord, l'air menaçant. Il lui saisit le bras pour l'entraîner vers lui, mais le ravisseur panique quand il voit la jeune fille sortir un téléphone portable de sa poche pour appeler le 911 (la police). Le criminel prend la fuite et la jeune fille est saine et sauve. Elle n'avait pas de portable sur elle mais elle avait remarqué que son iPod ressemble à s'y méprendre à un iPhone.

CANADA – 6 février 2009

Cet adolescent de 16 ans est vraiment motivé pour postuler à un emploi dans une clinique vétérinaire de Toronto. Il se rend à son entretien d'embauche alors qu'il a été agressé en chemin et qu'il a reçu un coup de couteau à la cuisse. L'entretien a été mené sans que le jeune homme mentionne quoi que ce soit d'anormal. Ce sont des employés qui, après l'entretien, ont remarqué sa plaie avec du sang qui coulait. Ils ont contacté la police immédiatement et le jeune homme a été conduit à l'hôpital. Son employeur félicite son courage, l'entretien en effet s'est très bien déroulé.

FRANCE – 5 mai 1980

Un marin soigné dans un hôpital militaire se montrait violent car il était ivre. Un infirmier a trouvé une méthode originale pour l'immobiliser : il a cousu les oreilles du marin au matelas de son lit civière. Les lésions subies sont bénignes, et le marin peut remercier l'infirmier pour l'anecdote qu'il a à raconter.

ÉTATS-UNIS – 1er janvier 2007

Vaillant et plein de bonnes intentions pour ce 1er janvier 2011, Christopher Lee Torres prend une résolution qu'il applique le jour même : il se rend au poste de police. Ce Texan de 29 ans était recherché depuis avril 2006 pour l'agression d'un policier.

Pour le nouvel an, il a téléphoné à la police d'un motel du Tennessee, en demandant qu'on vienne le chercher et qu'on le place en garde à vue.

D'après le procès-verbal de la police, Torres a expliqué qu'il y avait « pensé toute la nuit ». Il a décidé qu'il voulait commencer l'année avec une ardoise effacée.

THAÏLANDE – 1er décembre 2004

Le 1er décembre 2004 était un jour de chance pour cet automobiliste de Bangkok. Alors qu'il circulait sur la voie express, près de l'aéroport, il a vu au-dessus de lui une chose étrange qui tombait, sans savoir ce que c'était. L'élément non identifié est venu s'encastrer dans le toit de sa voiture, mais le conducteur n'a pas même eu une égratignure. Il s'agissait d'une partie du carénage d'un moteur d'avion, sans doute mal fixée, qui s'était détachée d'un Boeing en vol.

Crime ou pas crime? Selon le droit français, l'automobiliste aurait pu attaquer la compagnie en pénal s'il avait été blessé. Ici, on considère que c'est un accident. En cas de pépin pour notre homme, on aurait eu un homicide par imprudence. Le gestionnaire de l'avion a eu très chaud. En revanche, l'automobiliste peut exercer contre lui, au civil, une action en responsabilité.

HIMALAYA – 15 juin 1976

Deux alpinistes, membres d'une expédition britannique au mont Everest, se sont retrouvés coincés en pleine nuit près du sommet. Ils ne pouvaient pas se mettre à l'abri et risquaient de mourir de froid tous les deux. Ils ont trouvé une manière de se tenir chaud toute la nuit (tout en respectant les règles de la pudeur) : les deux gentlemen se sont battus à coups de poing et à coups de pied. Le lendemain, ils ont regagné leur campement, peut-être un peu amochés, mais sains et saufs.

CHINE – 23 janvier 2007

Professeur dans la province de Shandong, dans l'est du pays, Pan Aiying rentrait chez elle à vélo vendredi quand son sac lui a été arraché par un motocycliste. Comme chacun l'aurait fait, elle a d'abord pensé prévenir la police. Puis elle s'est ravisée et a essayé de persuader son agresseur de lui rendre son bien de lui-même. Elle lui a donc envoyé une série de SMS avec le téléphone d'un collègue.

« Je m'appelle Pan Aiying, je suis professeur à l'école Wutou. Vous devez traverser une période difficile. Si c'est le cas, je ne vous en veux pas », a-t-elle écrit dans son premier message resté sans réponse.

Elle poursuit :

« Gardez les 4 900 yuans, si vous en avez vraiment besoin, mais, s'il vous plaît, rendez-moi les autres choses. Vous êtes jeune. L'erreur est humaine. Corriger vos erreurs est plus important que tout. »

Vingt et un messages plus tard, et sans nouvelle du voleur, Pan s'était résignée à ne plus revoir ses affaires. Un dimanche matin, pourtant, elle découvre son sac dans la cour de sa résidence, avec tout son contenu.

Le voleur avait glissé une lettre à l'intérieur :

« Chère Pan, je suis désolé. J'ai commis une faute. Excusez-moi. »

LOVE IS ALL YOU NEED...

Traduction d'une petite annonce extraite du site Craigslit

« J'ai volé votre sac à main et j'ai senti un feeling réciproque. Mardi soir, vers 23 h 30. Sur la 53e Rue, entre la 1re et la 2e Avenue. Vous sortiez du métro, je vous ai suivie. Vous regardiez par-dessus votre épaule, vous m'avez vu et vous avez pressé le pas. J'ai couru pour vous rejoindre, je vous ai attrapé le bras, j'ai pris votre sac et je me suis enfui. J'ai tiré une flopée de sacs, mais personne ne m'a fait une telle impression. Pendant un court instant, nos regards se sont croisés et j'ai senti un truc fort. Vous aussi, je pense. Si je n'étais pas aussi timide (ou en train de commettre un délit), je vous aurais demandé votre prénom. Évidemment, je l'ai trouvé ensuite sur votre permis de conduire. Donc, Jennifer, si vous avez envie qu'on boive un verre un de ces quatre, contactez-moi. »

Table

Introduction 7

Que d'audace ! 9
Vols et braquages 43
Trafics, contrebande, drogue et alcool 73
Trafics d'êtres humains 95
Crimes et animaux 103
Violences extrêmes 129
Pas sûr que ça en valait tellement la peine... 163
Happy end 197

Documents « Actualité »

PHILIPPE BILGER

États d'âme et de droit

JEAN-LUC CALYEL

GIGN. Les secrets d'une unité d'élite

DIDIER DAENINCKX

La Mémoire longue

LAËTITIA DARMON – KIMO

T'es toujours en vie, toi?

MÉLINA GAZSI

Les Scandales du permis à points

LAURENT HUBERSON

Enquête sur Edwy Plenel

PATRICK PELLOUX

Urgences pour l'hôpital

REPORTERS SANS FRONTIÈRES

Pourquoi il faut boycotter la cérémonie d'ouverture des JO de Pékin

HOMAYRA SELLIER – SERGE GARDE

Enquête sur une société qui consomme des enfants

Documents « Politique »

ALAIN BOCQUET

Un Marx, et ça repart!

CLAUDE DEMELENNE

Pour ou contre la Belgique française

JULIEN DRAY

Et maintenant?
L'Épreuve

STÉPHANE GATIGNON

À ceux que la gauche désespère

NICOLE GUEDJ

Pour des Casques Rouges à l'ONU

JEAN-CHRISTOPHE LAGARDE

Les Hypocrisies françaises

PIERRE MOSCOVICI

Mission impossible?

Comment la gauche peut battre Sarkozy en 2012

DOMINIQUE PAILLÉ

Les Habits neufs des faux centristes

Arnaque ou imposture?

Documents « Histoire »

ALEXANDRE BORYCKI

17 juillet 1942: un train parmi tant d'autres

DENIS COHEN ET VALÈRE STARASELSKI

Un siècle de Vie ouvrière

François Eychart et Georges Aillaud

«Les lettres françaises» et «Les étoiles» dans la clandestinité 1942-1944

PHILIPPE LAMARQUE

Le Débarquement en Provence jour après jour

CHRISTIAN LANGEOIS

Marguerite.

Biographie de Marguerite Buffard-Flavien (1912-1944)

PIERRE-ROBERT LECLERCQ

La Comtesse de Loynes

DOMINIQUE LORMIER

La Bataille de France jour après jour

L'Apport capital de la France dans les victoires des Alliés

PAUL MARCUS

60 ans d'amours contrariées

Les relations franco-israéliennes de 1948 à aujourd'hui

ROCHUS MISCH

J'étais garde du corps d'Hitler

MAURICE RAJFSFUS

La Police de Vichy
Drancy, un camp de concentration très ordinaire
La Police hors la loi
Les Français de la débâcle
Mai 68
La Censure militaire et policière 1914-18
De la victoire à la débâcle
Opération étoile jaune
La Rafle du Vel d'hiv
La Libération inconnue
Le Chagrin et la Colère
Candide n'est pas mort

EDVARD RADINSKY

Alexandre II

La Russie entre espoir et terreur

EVA SCHLOSS

L'Histoire d'Eva

Les Mémoires de la demi-sœur d'Anne Frank

TIMOTHY W. RYBACK

Dans la bibliothèque privée d'Hitler

Documents « Biographies/Témoignages »

ANDRÉ AUBERGER

Un fauteuil pour la vie

LOUIS BÉRIOT

Un coup de foudre éternel

BENOÎT CHARENTON
Léopold Bellan. Un pionnier de l'humanitaire

VÉRONIQUE DABADIE
Conversations avec Jean-Loup

CHRISTOPHE DOMINICI
Bleu à l'âme

GILLES DURIEUX
Belmondo

PATRICK DE FUNÈS
Médecin malgré moi

ZOSIA GOLDBERG
À travers le feu

ANNE JOUBERT
De la zone à l'ENA

OLIVIER DE KERSAUSON
Ocean's songs

VICTOR LANOUX
Laisser flotter les rubans

CÉCILE ET OLIVIER DE LA ROCHEFOUCAULD
Les Enfants du large

PIERRE PERRET
A cappella
Le Café du Pont

FRANÇOISE SAGAN
Tout le monde est infidèle
Entretiens avec André Halimi

GUY VADEPIED
Émilien Amaury (1909-1977)
La véritable histoire d'un patron de presse du XXe siècle

CHARLOTTE VALANDREY

L'Amour dans le sang

JACQUES WEBER

Des petits coins de paradis

Documents « Société/Économie »

STÉPHANIE BECQUET

Journal d'un médecin généraliste
Guide FO du salarié 2011

JACQUES BENHAMOU

Héritages, patrimoine, successions

SAUVEUR BOUKRIS

Ces médicaments qui nous rendent malades

FRANCK CHAUMONT

Homo-ghetto
Gays et lesbiennes dans les cités : les clandestins de la République

YVES COUPRIE

Manuel de survie par temps de crise

BERTRAND COUSIN

Un énarque dans la choucroute

JEAN-PIERRE CROUZET

Ambitions pour le vrai pain

DOMINIQUE DEVEDEUX – MARIANNE DE SOUZA

Contes de l'amour en ligne

JEAN-BAPTISTE DROUET

Les Maltraitances invisibles

MARIELLE DUMORTIER

Mon médecin du travail

FABRICE LACOMBE – LUCIE ROBEQUAIN

Les Emplois de demain

PIERRE MARTIN

L'Économie de proximité

MARTIN MONESTIER

Peines de mort
Les Animaux soldat
Suicides
Histoires et bizarreries sociales des excréments
Les Enfants esclaves
Les Mouches
Cannibales, histoires et bizarreries de l'anthropophagie
Les Seins
La Callas, de l'enfer à l'Olympe
Les Poils, histoires et bizarreries
Faits-divers
Le Crachat
Duels
Les Enfants assassins
Les Monstres
Les Animaux célèbres
Les Gueules cassées

JEAN-CLAUDE SEYS

Abécédaire impertinent du management

EMMANUEL PIERRAT ET LAURENT KUPFERMAN

Le Paris des francs-maçons

DOMINIQUE SOPO

Combat laïque

Mis en pages par DV Arts Graphiques à La Rochelle.
Imprimé en France par CPI Bussière
à Saint-Amand-Montrond (Cher).
N° d'édition : 2130. — N° d'impression : 112004/1.
Dépôt légal : août 2011.
ISBN 978-2-7491-2130-7